中国社会科学院数量经济与技术经济研究所
中国经济趋势研究院

产业中国系列丛书

项目统筹：郑光兴　刘　滨
主　　编：李　平　王宏伟

2016年上半年
中国产业运行分析
——基于中经产业景气指数

吴　滨　等◎著

经济管理出版社
ECONOMY & MANAGEMENT PUBLISHING HOUSE

图书在版编目（CIP）数据

2016 年上半年中国产业运行分析：基于中经产业景气指数/吴滨等著 . —北京：经济管理出版社，2016.10

ISBN 978-7-5096-4642-7

I.①2… Ⅱ.①吴… Ⅲ.①产业发展—经济运行分析—中国—2016 Ⅳ.①F121.3

中国版本图书馆 CIP 数据核字（2016）第 235759 号

组稿编辑：杨国强
责任编辑：杨国强　张瑞军
责任印制：黄章平
责任校对：超　凡

出版发行：经济管理出版社
　　　　　（北京市海淀区北蜂窝 8 号中雅大厦 A 座 11 层　100038）
网　　址：www.E-mp.com.cn
电　　话：（010）51915602
印　　刷：三河市延风印装有限公司
经　　销：新华书店
开　　本：720mm×1000mm/16
印　　张：15
字　　数：210 千字
版　　次：2016 年 10 月第 1 版　2016 年 10 月第 1 次印刷
书　　号：ISBN 978-7-5096-4642-7
定　　价：52.00 元

前　言

　　"十三五"是全面建成小康社会的决胜阶段，是动力转换、经济转型的关键时期，以供给侧结构性改革为主线，积极推进产业结构优化升级是"十三五"经济社会发展的基本要求。"十二五"以来，我国产业结构调整成效显著，但粗放型发展方式并没有得到根本性转变，结构性矛盾依然突出，传统动力逐渐减弱，新的增长动力还不能发挥主导作用，经济下行压力加大，深层次问题逐渐显现，经济转型升级面临多方面挑战。传统工业是供给侧结构性改革的重点领域，"去产能"、"去库存"任务相当繁重。随着结构调整的深入，传统工业发展形势趋于严峻，企业经济效益大幅下滑，经营状况不容乐观。目前，传统工业依然是我国工业体系的主体，传统工业的健康发展既是供给侧结构性改革的主要目标，又是供给侧结构性改革全面开展的重要保障。准确、及时、全面地把握传统工业运行情况、所存在的问题和发展趋势，不仅有助于企业调整经营策略、降低经营风险，对于有关部门完善相关政策、确保行业健康发展也具有参考价值。

　　2009 年以来，经济日报社和国家统计局依托各自在中国经济领域的权威视角，推出了"中经产业景气指数"，跟踪监测、前瞻预警国民经济重点产业，特别是传统工业的运行情况和趋势，及时发掘报道行业领域中的新情况、新问题。"中经产业景气指数"的发布取得了良好的社会效益，指数分析结果和指标数据被广泛应用。目前"中经产业景气指数"以季度分析为主，整体性和趋势性的分析相对薄弱。为了充分发挥"中经产业景气指数"的作用，经济日报社中国经济趋势研究院和中国社科院数量经济与技术经济研究所联合开展基于"中经产业景气指数"半年度和年度产业运行分析，并以系列丛书的形式向社会发布，为企业经营和政府部门决策提供参考。

感谢国家统计局对本书撰写的大力支持，感谢中国经济趋势研究院谢慧女士的关心和帮助。我们深知，本书还存在诸多有待完善之处，真诚希望广大读者提出宝贵意见和建议，以便进一步改进和提高。

2016 年 8 月

目　录

中经产业景气指数工业 2016 年上半年分析

一、2016 年上半年工业运行情况[①]

（一）2016 年上半年工业景气状况

1. 景气指数稳中略升

2016 年上半年，工业发展趋于平稳，呈现稳中向好的态势。2016 年第一季度，中经工业[②]景气指数为 92.5[③]（2003 年增长水平＝100）[④]，虽然比 2015 年同期下降 0.8 点，但与 2015 年第四季度基本持平；第二季度，中经工业景气指数达到 92.8，比第一季度提高

[①] 本部分分析主要基于中经产业指数 2016 年第一、第二季度报告。
[②] 中经工业监测的统计口径为国民经济行业分类中的全部工业。
[③] 根据景气预警指数体系运算方法，行业景气指数、行业预警指数及预警灯号的构成指标要经过季节调整，剔除季节因素对数据的影响，在对包含当期数据的时间序列进行季节调整时，历史数据的季节调整结果也将发生变化，因此行业景气指数、预警指数及预警灯号发布当期数据时，前期数据也会进行调整。
[④] 2003 年工业预警灯号基本上在"绿灯区"，相对平稳，因此定为中经工业景气指数的基年。

0.3 点，在 2013 年以来连续三年逐季下降后首次出现小幅环比回升。

进一步剔除随机因素①后，中经工业景气指数的表现则更为平稳。2016 年第一、第二季度，剔除随机因素后的中经工业景气指数均为90.6，比 2015 年第四季度提高 0.1 点。尽管稳中有升，但剔除随机因素后中经工业景气指数更加平稳，而且呈现出"先升后平"的态势。剔除随机因素后造成中经工业景气指数的变化差异，在一定程度上也表明宏观调控政策和产业政策在工业向好中发挥了积极作用。

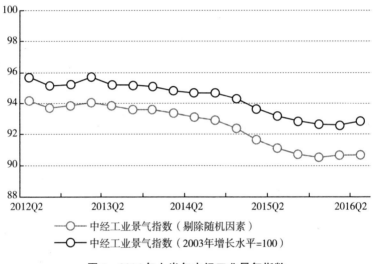

图 1　2016 年上半年中经工业景气指数

2. 工业预警指数继续偏冷

2016 年上半年，中经工业预警指数也表现得相当平稳。第一季度，中经工业预警指数为 73，延续了 2014 年后期的水平；第二季度，受固定资产投资的影响，中经工业预警指数略有下降，为 70，仍维持在偏冷的"浅蓝灯区"。对比构成中经工业预警指数的 10 个指标（仅

① 随机因素亦称不规则性，如新政策实施、宏观调控、自然灾害等因素对数据的影响。

剔除季节因素①，保留随机因素），均表现相当稳定，除固定资产投资第二季度有所下降之外，全部指标灯号均保持 2014 年中后期以来的状态：工业增加值、主营业务收入为过冷的"蓝灯区"；企业利润总额、生产者出厂价格指数、出口交货值则为偏冷的"浅蓝灯区"；销售利润率、从业人数、产成品资金（逆转）②、应收账款（逆转）继续为正常的"绿灯区"。总体而言，2016 年上半年工业继续延续调整格局。

指标名称	2013 年		2014 年				2015 年				2016 年	
	3	4	1	2	3	4	1	2	3	4	1	2
工业企业增加值	蓝	蓝	蓝	蓝	蓝	蓝	蓝	蓝	蓝	蓝	蓝	蓝
工业企业利润总额	浅蓝	浅蓝	浅蓝	浅蓝	浅蓝	浅蓝	浅蓝	浅蓝	浅蓝	浅蓝	浅蓝	浅蓝
工业企业主营业务收入	蓝	蓝	蓝	蓝	蓝	蓝	蓝	蓝	蓝	蓝	蓝	蓝
销售利润率	绿	绿	绿	绿	绿	绿	绿	绿	绿	绿	绿	绿
工业企业从业人数	绿	绿	绿	绿	绿	绿	绿	绿	绿	绿	绿	绿
工业企业固定资产投资	浅蓝	浅蓝	浅蓝	浅蓝	浅蓝	浅蓝	浅蓝	浅蓝	浅蓝	浅蓝	浅蓝	蓝
工业生产者出厂价格指数	浅蓝	浅蓝	浅蓝	浅蓝	浅蓝	浅蓝	浅蓝	浅蓝	浅蓝	浅蓝	浅蓝	浅蓝
工业企业出口交货值	浅蓝	浅蓝	浅蓝	浅蓝	浅蓝	浅蓝	浅蓝	浅蓝	浅蓝	浅蓝	浅蓝	浅蓝
工业企业产成品资金（逆转）	绿	绿	绿	绿	绿	绿	绿	绿	绿	绿	绿	绿
工业企业应收账款（逆转）	绿	绿	绿	绿	绿	绿	绿	绿	绿	绿	绿	绿
预警指数	蓝	蓝	蓝	蓝	蓝	蓝	蓝	蓝	蓝	蓝	蓝	蓝
	80	80	80	80	73	73	73	73	73	73	73	70

图 2　工业企业预警指数指标

注：由于印刷原因，浅代表浅蓝色，蓝代表蓝色，绿代表绿色，黄代表黄色，红代表红色，如无特殊说明，全书的灯图均如此表示。

★灯号图说明：预警灯号图采用交通信号灯的方式对描述行业发展状况的一些重要指标所处的状态进行划分：红灯表示过快（过热），黄灯表示偏快（偏热），绿灯表示正常（稳定），浅蓝灯表示偏慢（偏冷），蓝灯表示过慢（过冷）；并对单个指标灯号赋予不同的分值，将其汇总而成的综合预警指数也同样由 5 个灯区显示，意义同上。

---

① 季节因素是指四季更迭对数据的影响，如冷饮的市场销量随四季气温年复一年地发生周期变动。

② 逆转指标也称反向指标，其指标值越低，行业状况越好，反之则相反。

（二）2016 年上半年工业生产经营状况

1. 工业企业生产趋于平稳

2016 年上半年，经历了短暂的波动后，工业企业生产趋于平稳。
2016 年 1~2 月，工业增加值同比增长 5.4%，增速比 2015 年下降
1.4 个百分点，增速比 2015 年 12 月下降 0.5 个百分点；3 月，工业
增加值增速大幅回升，达到 6.8%，比 2015 年同期高出 1.2 个百分
点；4 月，工业增加值增速有所回落，达到 6.0%，与 2015 年同期
增速基本持平；5 月和 6 月，工业增加值趋于平稳，同比增速分别为
6.0% 和 6.2%，与 2015 年同期水平基本相当。在工业内部，战略性
新兴产业、高技术产业仍保持较高增速，在拉动工业生产增长中发挥
重要作用。

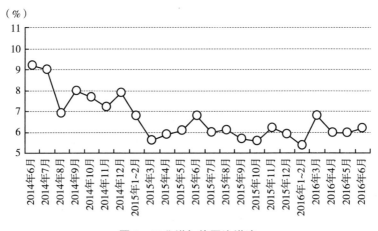

图 3　工业增加值同比增速

2. 主营业务收入出现温和回升

2016 年上半年，工业企业销售状况有所好转。经初步季节调整①，

---

① 初步季节调整指原始数据仅剔除春节等节假日因素的影响，未剔除不规则要素的影响。

第一季度工业企业实现主营业务收入 27.62 万亿元，同比增长 1.0%，虽仍低于上年同期水平，但扭转了 2014 年以来主营业务收入同比增速逐季下降的局面，增速比上一季度提高 0.7 个百分点；第二季度工业企业主营业务收入为 27.81 万亿元，同比增长 4.0%，不仅比第一季度提高 3.0 个百分点，实现了连续两个季度增长，而且增速比上年同期提高 2.6 个百分点。

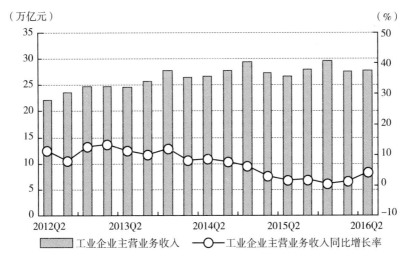

图 4　主营业务收入

3. 工业出口状况仍不容乐观

2016 年上半年，工业出口出现小幅波动。经初步季节调整，2016 年第一季度工业出口交货值为 2.82 万亿元，同比下降 4.8%，下降幅度继续扩大，降幅比 2015 年第四季度增加 1.6 个百分点；第二季度工业出口交货值为 2.91 万亿元，扭转了连续四个季度以来的同比下降，实现了 0.4% 的同比增长。尽管第二季度工业出口交货值实现了同比增长，但考虑到 2015 年第二季度工业出口交货值同比下降 1.8%，第二季度的出口同比增加具有一定的"基数效应"。我国对主要贸易伙伴的出口仍处于下降状态，据海关统计，2016年1~6月，我国对东盟、欧盟出口额同比分别下降8.4%和4.4%，降幅分别比第一季度收窄5.3个和2.5个百分点；对美国和日本出口额同比则分别下降9.9%和6.1%，降幅分别比第一季度扩大1.1个和0.6个百分点。

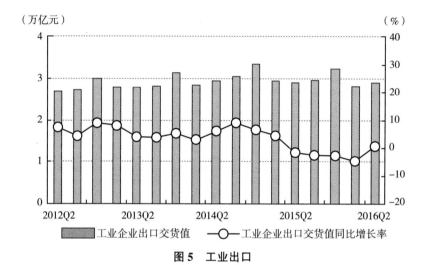

图5　工业出口

4. 工业生产者出厂价格同比降幅收窄

2016年，工业生产者价格仍呈现同比下跌态势。第一季度前两个月，工业生产者出厂价格环比和同比均继续下降，1~2月，工业生产者出厂价格分别同比下降5.3%和4.9%，降幅分别比上年同期提高1.0个和0.1个百分点；3~5月，工业生产者出厂价格出现了环比上涨，工业生产者出厂价格虽然仍同比下降，但降幅明显下降，3~5月工业生产者出厂价格分别同比下降4.3%、3.4%和2.8%，降幅比上年同期提高0.3个、1.2个和1.8个百分点；6月，工业生产者出厂价格重新环比下降，但同比跌幅继续下降，工业生产者出厂价格同比下降2.6%，降幅比5月下降0.2个百分点，比上年同期下降

2.2个百分点。

工业生产者购进价格与生产者出厂价格变化趋势基本一致，2016年3月以来，工业生产者购进价格出现了环比上涨，工业生产者购进价格同比虽然仍处于下降通道，但降幅明显收窄。2016年6月，工业生产者购进价格同比下降3.4%，降幅比1月下降2.9个百分点，比上年同期下降2.2个百分点。

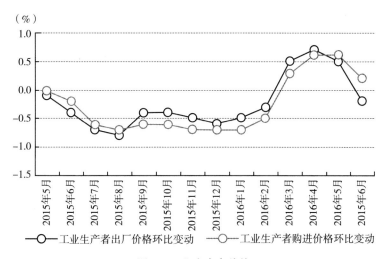

图6　工业生产者价格

5. 工业去库存效果逐步显现

2016年上半年，工业企业产成品资金出现了近年来首次单季下降。经初步季节调整，第一季度工业企业产成品资金为3.59万亿元，同比增长0.7%，增速比上年同期下降7.8个百分点，2014年以来首次低于主营业务收入增速；第二季度工业企业产成品资金为3.74万亿元，同比下降1.1%，这是2010年以来工业企业产成品资金首次出现单季度同比下降，比工业主营业务收入同比增速低5.1个百分点，去库存效果相当明显。

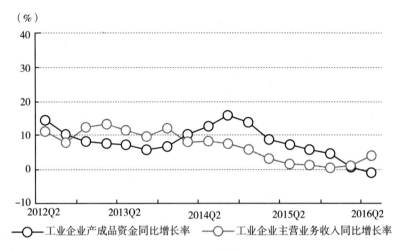

（%）

图7　工业去库存

6. 工业企业利润出现恢复性增长

2016年上半年，工业企业效益明显好转。经初步季节调整，2016年第一季度工业企业实现利润1.44万亿元，同比增长7.4%，扭转2014年底以来工业企业利润同比下跌的趋势；第二季度工业企业实现利润1.60万亿元，同比增长5.9%，增幅虽然比第一季度下降1.5个百分点，但仍明显高于上年同期。工业企业利润的增长具有一定的"基数效应"，同时部分资源品价格回升、"降成本"政策的推出也发挥了积极作用。

2016年上半年，工业企业利润率略好于上年同期水平。经初步季节调整，2016年第一、第二季度工业企业利润率分别为5.2%和5.8%，分别比上年同期提高0.3个和0.2个百分点。

7. 工业企业应收账款增速稳中有升

2016年上半年，工业企业应收账款增速呈逐季微增的趋势。经初步季节调整，2016年第一季度工业企业应收账款10.81万亿元，同比增长8.2%，增速比上年同期下降2.6个百分点，但比2015年

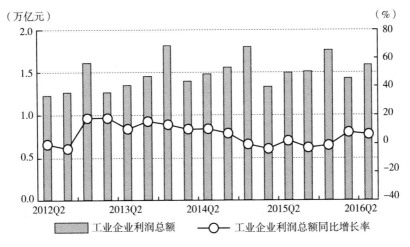

图8　工业企业利润总额

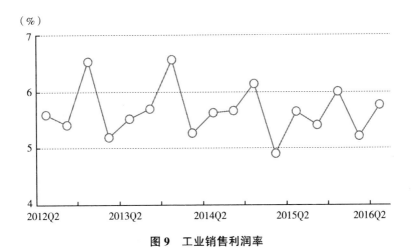

图9　工业销售利润率

第四季度微涨 0.4 个百分点；第二季度工业企业应收账款 11.51 亿元，比第一季度提高 0.4 个百分点，与上年同期基本持平。比较而言，工业企业应收账款增速仍远高于工业主营业务收入。2016 年前两个季度，应收账款周转天数①分别为 42 天和 37 天，分别比上年同

---

① 应收账款周转天数：表示应收账款从发生到收回（周转一次）的平均天数。一般来说，应收账款周转天数越短，则资金利用效率越高，反之则越低。计算公式为：90/（季度销售收入/平均应收账款）。

期提高 3 天和 2 天。综合来看，工业资金状况依然偏紧。

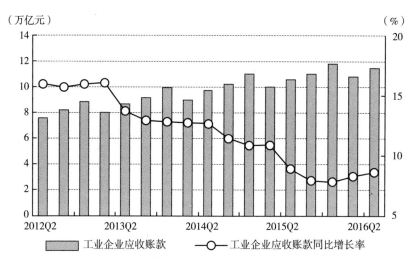

图 10　工业企业应收账款

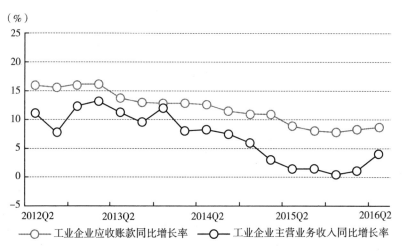

图 11　工业企业应收账款与工业企业主营业务收入同比增长率

8. 工业企业投资继续放缓

2016 年上半年，工业固定资产投资增速延续 2012 年以来的下降趋势。经初步季节调整，2016 年第一季度工业完成固定资产投资

2.41 万亿元，同比增长 7.1%，增速比上年同期下降 4.1 个百分点，比上一季度略涨 0.2 个百分点；第二季度工业固定资产投资为 5.96 万亿元，同比增长 5.0%，增速比第一季度下跌 2.1 个百分点，比上年同期下跌 4.4 个百分点。

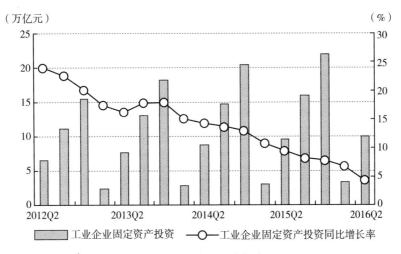

（万亿元）　　　　　　　　　　　　　　　　　　　　（%）

工业企业固定资产投资　　—○—工业企业固定资产投资同比增长率

图 12　工业企业固定投资

9. 工业从业人数继续同比下降

2016 年上半年，工业企业用工人数延续了 2015 年同比下降的态势，并且降幅有所加大。经初步季节调整，2016 年第一季度工业从业人数为 8825.2 万人，同比下降 2.6%，降幅分别比上年同期和上一季度扩大 2.3 个和 0.6 个百分点；第二季度工业从业人数为 8939.8 万人，降幅分别比上年同期和第一季度扩大 1.7 个和 0.1 个百分点。用工下降一方面与纺织、电子等行业不断推行的"机器替代人"的产业结构升级有关，另一方面也与钢铁、煤炭等行业去产能减少用工有关。目前，工业用工人数下降对就业的影响仍处于可接受区间。

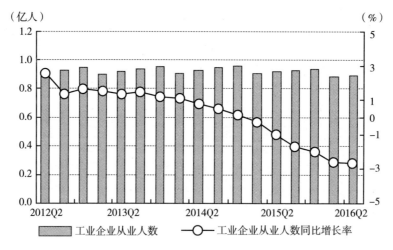

图 13　工业企业从业人数

二、2016 年上半年工业运行分析

（一）工业总体运行情况

2016 年上半年，工业呈现平稳向好的态势。上半年全国规模以上工业增加值同比增长 6.0%，增速与上年基本持平，但略好于第一季度增速。工业生产、主营业务收入均出现了好转的迹象，工业企业利润扭转同比下降的态势，实现恢复性增长，企业盈利能力有所提高。中经工业景气指数在 2013 年以来连续三年逐季下降后首次出现小幅环比回升。但也应看到，工业企业生产、主营业务收入、工业利润总额增速仍处于较低水平，工业出口还存在较多不确定因素，而生产者出厂价格持续走低，工业固定资产投资增速明显放缓。综合来看，中经工业预警指数依然位于偏冷的"浅蓝灯区"，工业整体仍处于调整阶段。

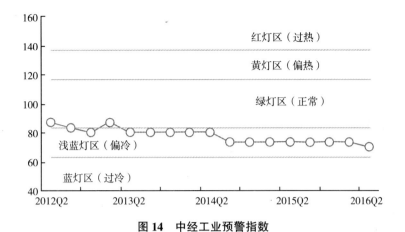

图 14　中经工业预警指数

（二）工业运行特点及原因分析

2015 年 12 月召开的中央经济工作会议对 2016 年经济的工作进行了部署，提出"在适度扩大总需求的同时，去产能、去库存、去杠杆、降成本、补短板，提高供给体系质量和效率，提高投资有效性，加快培育新的发展动能，改造提升传统比较优势，增强持续增长动力"的具体要求。2016 年上半年，工业领域供给侧结构性改革成效显著。

1. 工业经济运行平稳

2016 年上半年，全国规模以上工业增加值同比增长 6.0%，低于第三产业增加值和国内生产总值 7.5% 和 6.7% 的增速，但与 2015 年规模以上工业增速基本相当，高于 2015 年下半年规模以上工业增速 0.1 个百分点，2016 年第一、第二季度规模以上工业增加值增速分别为 5.8% 和 6.1%，工业经济运行平稳，并呈现稳中向好的态势。2015 年以来，我国陆续出台了降息、降低首付比例、公积金政策调整等系列政策，房地产市场有所回升。2016 年上半年，全国房地产开发投资 46631 亿元，同比名义增长 6.1%（扣除价格因素实际增长 8.0%），增速虽然比第一季度回落 0.1 个百分点，但远高于上年 1.0% 的增速，相关政策对于稳定增长发挥了积极作用。2016年上半年，进出口总额111335亿元，同比下降3.3%，降幅比上年收窄3.7个百分点；其中，出口64027亿元，下降2.1%，降幅比上年提高0.3个百分点，但6月出口实现了同比增长1.3%。2016年上半年工业出口交货值为1.05万亿元，同比下降0.7%，降幅明显收窄，特别是第二季度实现了连续四个季度下降之后的首次正增长，同比增长0.8%。

2. 工业结构调整稳步推进

"十三五"期间，"去产能"成为传统工业，特别是高耗能行业调整的重点。2016年2月4日和5日，国务院先后发布了《关于钢铁行业化解过剩产能实现脱困发展的意见》和《关于煤炭行业化解过剩产能实现脱困发展的意见》，对"十三五"钢铁和煤炭行业化解过剩产能进行了全面部署。2016年政府工作报告中提出，"中央财政安排1000亿元专项奖补资金，重点用于职工分流安置"，充分体现了党中央、国务院"去产能"的决心。在相关政策的推动下，重点行业化解过剩产能的效果逐步显现。2016年上半年，生铁产量3.45亿吨，同比下降2.1%；粗钢产量4.0亿吨，同比下降1.1%；焦炭产量2.16亿吨，同比下降4.4%；原煤产量同比下降9.7%，电解铝产量下降1.9%；水泥、平板玻璃分别增长3.2%和1%，增速也处于较低水平。在传统行业调整的同时，高新技术和装备制造行业继续保持较高增速。2016年上半年，高技术产业增加值同比增长10.2%，增速比规模以上工业高4.2个百分点，在规模以上工业增加值中的比重达到12.1%，比上年同期提高0.7个百分点；装备制造业增加值同比分别增长8.1%，高出规模以上工业增速2.1个百分点，占规模以上工业增加值比重为32.6%，比上年同期提高1.2个百分点；包括节能环保产业、新一代信息技术、生物产业、高端装备制造业、新能源产业、新材料产业、新能源汽车在内的战略性新兴产业增加值同比增长 11%，高于全部规模以上工业企业 5 个百分点。此外，与消费结构升级相关的食品制造、纺织、家具制造等行业生产也实现了较高增长。

3. 工业企业经营状况有所改善

2016 年上半年，全国规模以上工业企业实现主营业务收入 528412.3 亿元，同比增长 3.1%；规模以上工业企业实现利润总额 29998.2 亿元，扭转了 2015 年利润总额下降的局面，同比增长 6.2%。在 41 个工业大类行业中，除了煤炭开采和洗选业、石油和天然气开采业、黑色金属矿采选业、有色金属矿采选业，以及烟草制品业、化学纤维制造业明显下降之外，30 个行业利润总额实现同比增加。原材料行业利润增长最为突出，石油加工、炼焦和核燃料加工业增长 2.1 倍，化学原料和化学制品制造业增长 13.8%，非金属矿物制品业增长 5.8%，黑色金属冶炼及压延加工业增长 83.6%，有色金属冶炼及压延加工业增长 16.8%，橡胶和塑料制品业增长 12.0%；装备制造业继续保持较高增长，专用设备制造业增长 6.8%，汽车制造业增长 6.5%，电气机械和器材制造业增长 17.9%，计算机、通信和其他电子设备制造业增长 15%，铁路、船舶、航空航天和其他运输设备制造业增长 5.6%，电气机械和器材制造业增长 17.9%，仪器仪表制造业增长 6.6%；纺织、文体娱乐用品制造、造纸、家具行业利润也实现了较快增长。从经济类型来看，私营企业和股份制企业明显占优。在规模及以上工业企业中，2016 年上半年私营企业主营业务收入和利润分别同比增长 6.8% 和 8.8%，私营企业主营业务收入和利润分别同比增长 4.2% 和 7.6%，而国有控股企业主营业务收入和利润分别同比下降 4.6% 和 8.0%。

4."降成本"效果显现

2016 年，有关部门采取了一系列"降成本"政策，进一步释放企业活力。2015年底，国家发改委发布《关于降低燃煤发电上网电价和一般工商业用电价格的通知》，自2016年1月1日起，全国燃煤发电上网电价平均每千瓦时下调约3分钱，一般工商业销售电价平均每千瓦时下调约3分钱。2016年4月，国务院减轻企业负担部际联席会议发布了《关于做好2016年减轻企业负担工作的通知》，从推动涉企行政事项的公开透明、清理取消与行政职权和垄断挂钩的不合理中介服务项目、制止各种违规违法行为，促进各项惠企减负政策的落实、夯实减轻企业负担工作的基础五个方面落实"降成本、减负担"的要求。据统计，2016年1~6月，全国规模以上工业企业每百元主营业务收入中的成本为85.79元，比第一季度提高0.5%，比上年同期下降0.24%；2016年第二季度，小微企业银行贷款年利息及费用率约6.17%，比上年同期降低0.72个百分点，为2012年以来的最低水平。2016年上半年，全国规模以上工业企业主营业务收入利润率为5.68%，比第一季度提高0.24个百分点，比上年同期提高1.9个百分点。

5. 工业企业创新活力进一步释放

创新能力薄弱是制约我国工业发展的"短板"，提升企业创新能力是工业结构调整的根本动力。2016年5月，中共中央、国务院正式印发了《国家创新驱动发展战略纲要》，提出2020年进入创新型国家行列、2030年跻身创新型国家前列、2050年建成世界科技创新强国的"三步走"战略目标和"坚持双轮驱动、构建一个体系、推动六大转变"的战略部署。规划纲要将"推动产业技术体系创新，创造发展新优势"作为第一大任务，要求"加快工业化和信息化深度融合"、"推进各领域新兴技术跨界创新"，"构建现代产业技术体系和新兴产业集群发展，推进产业质量升级"。2016年上半年，工业领域创新活力有所增强。2016年上半年，国内发明专利授权量16.4万件，同比增长41%；全国网上商品和服务零售额同比增长28.2%，其中，网上商品零售额增长 26.6%；新能源汽车产量同比增长 88.7%，运动型多用途乘用车（SUV）增长 39.7%，工业机器人增长 28.2%，光纤增长 28.2%，太阳能电池增长 28%，智能电视增长 20.5%，城市轨道车辆增长 19.1%，环境污染防治专用设备增长 17.9%，光电子器件增长 17.1%，化学药品原药增长 13.1%。

6. 工业节能减排效果明显

在国家"十三五"规划纲要中，单位 GDP 能耗降低 15%继续作为约束性指标，工业是主要耗能部门，节能减排在未来一段时期依然是工业领域发展的重点内容。2016 年 3 月，工信部发布了《2016 年工业节能与综合利用工作要点》，明确了 2016 年全国规模以上工业万元增加值能耗下降 4%的目标；同月，又印发了《2016 年工业节能监察重点工作计划》，进一步加强工业节能监管力度；4 月，工信部印发了《绿色制造 2016 专项行动实施方案》，对绿色制造专项行动任务进度进行部署。2016 年上半年，我国单位 GDP 能耗下降 5.2%，超过全年目标任务。高耗能行业能耗保持较低增速，石油、化工、有色规模以上工业能耗同比增长 3.5%、3.2%、1.0%，建材、钢铁规模以上工业能耗同比分别下降 1.0%和 1.5%。

三、工业发展前瞻与对策建议

（一）工业景气指数预测

尽管上半年呈现平稳向好，但目前我国工业整体形势并没有根本性改变，依然处于调整阶段。从第二季度企业景气调查结果来看，企业家对未来经济形势的判断持谨慎乐观态度，第二季度企业订货"高于正常"及"正常"的占 80.0%，比第一季度上升 2.7 个百分点，继续上升；投资计划"增加"比"减少"的企业比重低12.8个百分点，比第一季度收窄0.7个百分点；用工计划"增加"比"减少"的企业比重低1.7个百分点，比第一季度扩大1.6个百分点。

综合而言，工业经济运行仍将延续平稳的运行态势。经模型测算，2016年第三、第四季度的工业景气指数分别为92.7和92.8，与第二季度基本持平；第三、第四季度预警指数均为70.0，继续在偏冷的"浅蓝灯区"。

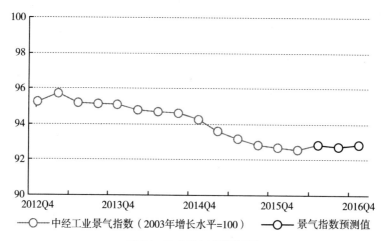

图15 工业景气指数预测

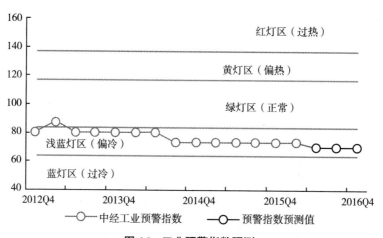

图16 工业预警指数预测

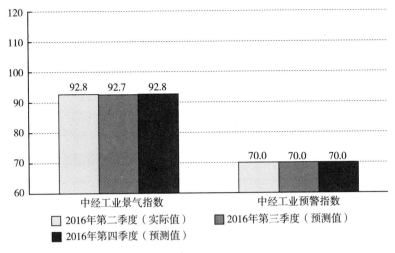

图 17 工业经济模型预测

（二）2016 年下半年工业发展前景展望

虽然 2015 年以来房地产行业有所回升，但"去库存"依然是房地产行业的主要任务，1~6 月房地产开发投资增速较 1~5 月增速回落 0.9 个百分点，上半年房地产开发企业土地购置面积同比下降 3.0%，降幅明显收窄，但仍处于下降态势。全国固定资产投资增速持续下降，1~6 月全国固定资产投资同比增长 9%，比上年同期下降 2.4 个百分点，比 1~5 月下降 0.6 个百分点。而民间投资下降更为明显，1~6 月民间固定资产投资同比增长 2.8%，增速比 1~5 月回落 1.1 个百分点，比上年同期下降 8.6 个百分点，民间固定资产投资占全国固定资产投资（不含农户）的比重为 61.5%，比上年同期降低 3.6 个百分点。国内需求增长放缓，6 月全国居民消费指数环比下降 0.1%，同比上涨 1.9%，涨幅比 5 月回落 0.1 个百分点；6 月工业生产者出厂价格环比下跌 0.2%，同比下降 2.6%。

国际形势不容乐观。2015 年全球经济增长 2.4%，呈现缓慢复苏，但仍未达到预期。目前，国际环境不确定性因素依然较多，贸易保护主义有所抬头，地缘政治问题突出，英国"脱欧"的影响还没有全面显现，新一轮产业革命机遇与挑战并存。此外，发达国家再工业化和新兴经济体加快推进工业化进程形成的压力并没有减弱，我国传统比较优势面临挑战，出口形势较为严峻。

但也应看到，我国经济长期向好的基本面没有改变，深化体制改革将进一步释放经济活力，在相关政策的推动下新动能的作用将逐步增强。综合看，2016年下半年工业运行不会出现明显波动。中国社科院经济学部经济蓝皮书《2016年中国经济前景分析（春季号）》，预计2016年工业增长率为5.5%，略低于2015年5.9%的总体水平。

（三）对策建议

目前，我国仍处于新旧动能转换阶段，传统增长动力难以持续，新动能还不足以发挥主导作用，坚持推进供给侧结构性改革，深化体制机制改革，提高创新能力是现阶段的重点工作。

1. 大力化解重点行业过剩产能

2016年上半年，原材料行业出现了恢复性增长，对稳定经济发挥了积极作用，但另外，对重点行业"去产能"造成了一定的压力，部分淘汰产能又出现"复燃"迹象。上半年钢铁行业"去产能量"达到1300多万吨，与全年淘汰4500万吨的目标还有较大差距。要充分认识"去产能"在工业调整升级中的作用，落实中央和国务院关于化解过剩产能的部署，严格标准、强化监督、疏通渠道、妥善安置，积极推进落后产能的淘汰。要充分发挥大型企业的作用，鼓励通过市场化的方式来化解过剩产能，完善市场退出机制，加大对专项资金的监管，切实保障转岗职工安置。

2. 全面推动创新驱动战略

创新驱动是工业转型升级的根本方向，要以《中国制造 2025》和《国家创新驱动发展战略纲要》为契机，着力提升工业企业创新能力。继续加大对关键技术和共性技术的研发支持，重点突破一批引领工业发展的核心技术；推动制造业与互联网融合发展，以"互联网+"带动新型业态的发展；加强节能减排技术创新，提升绿色制造水平；深入分析新一轮产业革命，加强前沿技术和颠覆性技术研究，强化原始创新，创建创新高地；完善科研管理体制，创新产学研合作机制，加强科研队伍的培养，提升创新基础；加强创新与创业的有机结合，发挥"双创"的协同效应。

3. 继续深化体制机制改革

全面落实中央经济工作会议精神，深化体制机制改革，优化经济发展环境。切实转变政府职能，完善审批制度，规范市场竞争秩序，充分发挥市场资源配置的作用；推动税收体制改革，加大不合理费用的清理力度，完善社会保障体系，进一步降低企业成本，释放企业活力；改进投资体制，打破行政性垄断，加强市场监督，创新金融服务，切实落实创业优惠政策，合理引导民间投资，提升公共服务水平，创造良好的投资环境；完善对外开放机制，创新国际经济合作模式，提升对外开放水平。

执笔人：吴滨、王宏伟

中经产业景气指数煤炭产业
2016 年上半年分析

一、2016 年上半年煤炭产业运行状况[①]

在全球需求疲软、国内经济持续低迷、产能过剩、供给侧改革等多重影响下，2016 年上半年煤炭行业依然低迷，但在价格、去库存方面出现了一定的转机。

（一）煤炭产业景气状况

1. 景气指数延续下滑

2016 年第一、第二季度中经煤炭产业[②]景气指数分别为 93.7 和 93.4[③]

---

① 本部分的数据分析主要基于中经产业指数 2016 年第一至第二季度报告。
② 煤炭产业包括国民经济行业分类中煤炭开采和洗选业一个大类行业。
③ 2003 年煤炭产业的预警灯号基本上在"绿灯区"，相对平稳，因此定为煤炭产业景气指数的基年。

（2003 年增长水平 =100①，仅剔除季节因素②，保留随机因素③）。从同比看，相比 2015 年第一和第二季度分别下降 1.9 点和 1.6 点，延续自 2012 年第一季度同比下降的态势。从环比看，2016 年第一季度比 2015 年第四季度低 0.3 点，2016 年第二季度比 2016 年第一季度低 0.3 点，延续了自 2014 年第二季度以来的环比下降态势。

进一步剔除随机因素后，2016 年第一、第二季度中经煤炭产业景气指数分别为 90.4、90.7。从同比看，与 2015 年第一、第二季度相比下降 2.4 点和 1.7 点，同样是延续自 2012 年第一季度以来的下滑态势。与未剔除随机因素的指数相比，分别低 3.3 点和 2.6 点。从环比看，2016 年第一季度比 2015 年第四季度低 0.9 点，2016 年第二季度比 2016 年第一季度高 0.3 点。

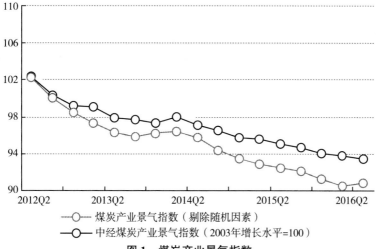

图 1 煤炭产业景气指数

---

① 根据景气预警指数体系运算方法，行业景气指数、行业预警指数及预警灯号的构成指标要经过季节调整，剔除季节因素对数据的影响，在对包含当期数据的时间序列进行季节调整时，历史数据的季节调整结果也将发生变化，因此行业景气指数、预警指数及预警灯号发布当期数据时，前期数据也会进行调整。

② 季节因素是指四季更迭对数据的影响，如冷饮的市场销量随四季气温年复一年发生周期变动。

③ 随机因素亦称不规则性，如新政策实施、宏观调控、自然灾害等因素对数据的影响。

2. 预警指数低位运行

2016年第一、第二季度，中经煤炭产业预警指数分别为63.0、63.0，与2015年第一、第二季度都持平，继续在偏冷的"浅蓝灯区"底部运行。

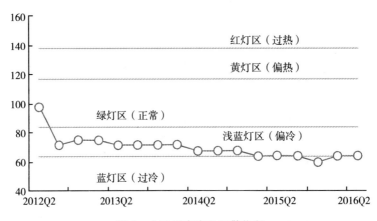

图2 中经煤炭产业预警指数

在构成中经煤炭产业预警指数的9个指标中（仅剔除季节因素，保留随机因素），位于"绿灯区"的有2个指标——煤炭进口量（逆转①）和应收账款（逆转）；位于"黄灯区"的有1个指标——产成品资金（逆转）；位于"浅蓝灯区"的有1个指标——销售利润率；位于"蓝灯区"的有5个指标——利润合成指数、主营业务收入、从业人数、固定资产投资总额和生产者出厂价格指数。2016年第一、第二季度各项指标灯号未发生变化。但与2015年第一、第二季度同比，煤炭产业从业人数从"浅蓝灯区"进入"蓝灯区"，煤炭产业产成品资金从"绿灯区"变为"黄灯区"，反映出煤炭产业低迷的恶化。

---

① 逆转指标也称反向指标，其指标值越低，行业状况越好，反之则相反。

指标名称	2013 年		2014 年				2015 年				2016 年	
	3	4	1	2	3	4	1	2	3	4	1	2
煤炭产业利润合成指数	蓝	蓝	蓝	蓝	蓝	蓝	蓝	蓝	蓝	蓝	蓝	蓝
煤炭产业主营业务收入	蓝	蓝	蓝	蓝	蓝	蓝	蓝	蓝	蓝	蓝	蓝	蓝
煤炭产业销售利润率	绿	绿	绿	绿	绿	绿	绿	绿	绿	绿	绿	绿
煤炭产业从业人数	绿	绿	绿	绿	绿	绿	绿	绿	绿	绿	绿	绿
煤炭产业固定资产投资总额	蓝	蓝	蓝	蓝	蓝	蓝	蓝	蓝	蓝	蓝	蓝	蓝
煤炭产业生产者出厂价格指数	蓝	蓝	蓝	蓝	蓝	蓝	蓝	蓝	蓝	蓝	蓝	蓝
煤炭进口量（逆转）	绿	绿	绿	绿	绿	绿	绿	绿	绿	绿	绿	绿
煤炭产业产成品资金（逆转）	绿	绿	绿	绿	绿	绿	绿	绿	绿	绿	黄	黄
煤炭产业应收账款（逆转）	绿	绿	绿	绿	绿	绿	绿	绿	绿	绿	绿	绿
预警指数	蓝	蓝	蓝	蓝	蓝	蓝	蓝	蓝	蓝	蓝	蓝	蓝
	70	70	70	67	67	67	63	63	63	59	63	63

图 3　煤炭产业预警指数指标

★灯号图说明：预警灯号图采用交通信号灯的方式对描述行业发展状况的一些重要指标所处的状态进行划分：红灯表示过快（过热），黄灯表示偏快（偏热），绿灯表示正常（稳定），浅蓝灯表示偏慢（偏冷），蓝灯表示过慢（过冷）；并对单个指标灯号赋予不同的分值，将其汇总而成的综合预警指数也同样由 5 个灯区显示，意义同上。

（二）煤炭产业生产经营与投资状况

1. 产量持续下降

经初步季节调整①，2016 年第一、第二季度原煤产量分别为 9.2 亿吨、8.3 亿吨，同比下降 6.4% 和 8.9%，第二季度降幅比第一季度扩大 2.5 个百分点，目前已连续 5 个季度呈现同比下降态势。生产的下降一方面与需求下滑有关，另一方面也与煤炭产业去产能、生产企业执行 276 天工作日制度的影响有关（国家发改委、安监局等四

---

① 初步季节调整指原始数据仅剔除春节等节假日因素的影响，未剔除不规则要素的影响。

部委联合下发的《关于进一步规范和改善煤炭生产经营秩序的通知》规定，煤矿企业按照全年作业时间不超过 276 个工作日重新确定产能）。

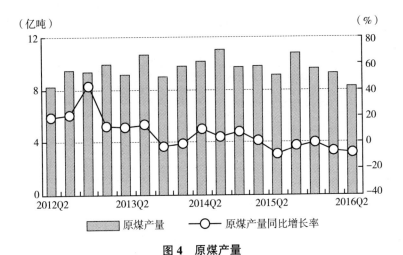

图 4　原煤产量

2. 销售收入持续大幅下降

经初步季节调整，2016 年第一、第二季度煤炭产业主营业务收入分别为 5919.0 亿元、4979.1 亿元，同比分别下降 17.1%、20.9%，第二季度降幅比第一季度扩大 3.8 个百分点。主营业务收入延续自 2013 年第二季度以来 13 个季度同比下降，且降幅进一步扩大，表明煤炭市场需求十分疲弱。

2016 年入夏以来，南方地区雨水充沛，水电同比大幅增长，而火电同比呈下降态势。数据显示，2016 年 1~5 月，水力发电同比增长 16.7%，火力发电同比下降 3.6%。火电的下降对电煤销量产生了较大影响。

3. 进口由降转增

经初步季节调整，2016 年第一、第二季度煤炭进口量分别为

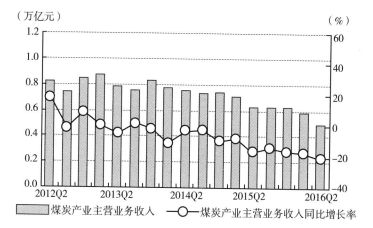

图5　煤炭产业主营业务收入

5196.6万吨、5741.0万吨，同比下降9.9%和增长12.1%，2016
年第二季度扭转了自2014年第二季度以来进口同比下降的态势。从
环比看，2016年第一、第二季度都呈现增长趋势，分别增长8.6%
和10.5%。2016年以来，由于进口煤性价比占据优势，企业采购数
量有所增加，使得进口量呈现恢复性增长。

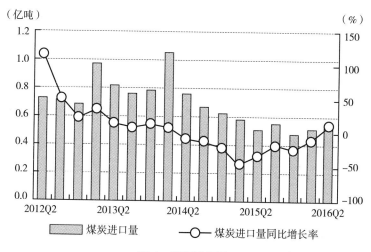

图6　煤炭进口量

4. 价格跌幅转为收窄

2016年第一、第二季度，煤炭产业生产者出厂价格指数（上年同月＝100）分别为82.4和89.5，同比下跌17.6%、10.2%，延续自2012年第三季度的下跌趋势。但从下跌幅度看，自2015年以来价格跌幅不断扩大，2016年第一季度下跌17.6%，然而2016年第二季度出现转变，跌幅收窄，从而结束了跌幅连续扩大的走势。从环比价格来看，5月上涨1.8%，结束了2016年以来的下跌走势。统计数据表明，随着煤炭行业供给侧改革的深入推进以及产量的下降，煤炭供给明显减少，价格有所反弹。

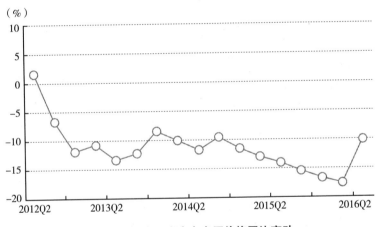

图7　煤炭产业生产者出厂价格同比变动

5. 去库存取得成效

经初步季节调整，2016年第一、第二季度，煤炭产业产成品资金分别为934.2亿元、927.7亿元，同比下降1.4%、9.3%，第二季度降幅比第一季度扩大7.9个百分点。这也是自2010年第一季度以来首次出现同比下降的趋势。2016年以来，煤炭行业去库存进程明显加快，产成品资金连续两个季度同比下降，表明去库存的政策已取得一定成效。与主营业务收入相比，产成品资金降幅仍小于主营业务收入降幅，表明在需求持续萎缩的背景下，库存仍有进一步下降的空间。

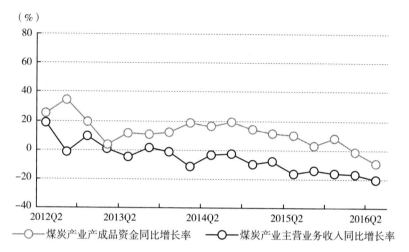

图8 煤炭产业去库存

6. 回款压力依然很大

经初步季节调整，2016年第一、第二季度煤炭产业应收账款分别为3676.4亿元、3624.4亿元，同比增长5.5%、下降3.5%。自2005年第二季度以来同比增速首次出现负数。同时，应收账款增速自2012年以来持续高于主营业务收入增速，其中，第二季度高于主营业务收入17.4个百分点，表明回款压力依然很大。

从回款速度看，经计算，第一、第二季度煤炭产业应收账款周转天数①为58.7天、66天，同比增加12.7天、14天，为2004年以来最高，资金周转效率明显下降。

---

① 应收账款周转天数：表示应收账款从发生到收回（周转一次）的平均天数。一般来说，应收账款周转天数越短，则资金利用效率越高，反之则越低。计算公式为：90/（季度销售收入/平均应收账款）。

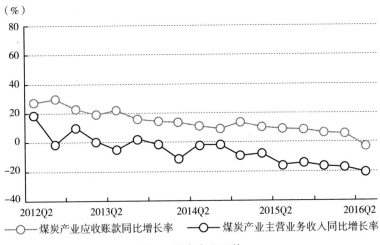

图9 煤炭产业回款

7. 利润持续下降

经初步季节调整，2016 年第一、第二季度煤炭产业实现利润分别为−16.5 亿元、44.2 亿元，与 2015 年同期相比，利润总额下降 111.1%、48.5%，延续自 2012 年第二季度以来利润同比下降的趋势。从 2016 年前两个季度看，第二季度扭转了第一季度全行业亏损的局面。煤炭行业扭亏为盈的原因主要得益于近期煤炭价格的回升，特别是 5 月以来，价格回升较为明显，带动利润出现恢复性增长。

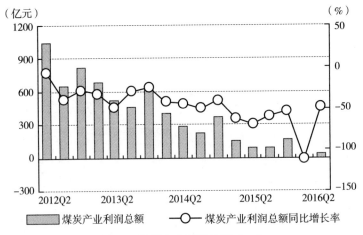

图10 煤炭产业利润总额（一）

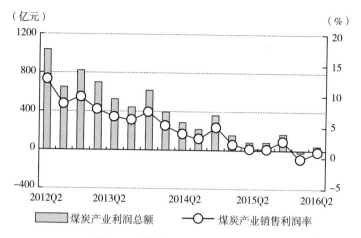

（亿元）   （％）

图 11　煤炭产业利润总额（二）

8. 投资持续大幅下降

经初步季节调整，2016 年第一、第二季度煤炭产业固定资产投资总额分别为 184.5 亿元、655.5 亿元，同比大幅下降 30.1%和 33.3%，降幅比第一季度扩大 3.1 个百分点，且连续 9 个季度同比下降，连续 4 个季度同比降幅扩大。

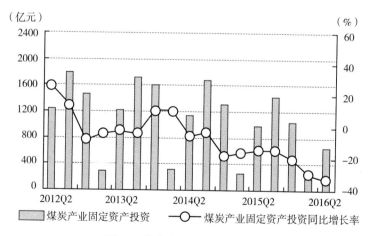

（亿元）   （％）

图 12　煤炭产业固定资产投资

31

9. 用工降幅持续扩大

经初步季节调整，2016年第一、第二季度煤炭产业从业人数分别为421.6万人、407.4万人，同比下降7.5%、9.3%，延续自2014年第一季度以来降幅持续扩大的态势。

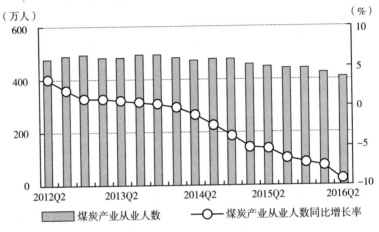

图13 煤炭产业从业人数

二、2016年上半年煤炭产业运行分析

（一）总体运行情况

2016年上半年，煤炭行业下行压力较大，先后受到整合矿区以及全面实行276天工作日制度等政策的影响，行业景气呈现出持续下行的态势。第一、第二季度中经煤炭产业景气指数分别为93.7和93.4，延续自2012年第一季度同比下降的态势；中经煤炭产业预警指数分别为63.0、63.0，继续在偏冷的"浅蓝灯区"底部运行。

在全球需求疲软、国内经济持续低迷、产能过剩、供给侧改革等多重影响下，2016年上半年煤炭行业依然低迷，但在价格、去库存方面出现一定的转机。具体而言，2016年上半年煤炭产量持续下降，销售收入持续大幅下降，回款压力依然很大，利润持续下降，投资持续大幅下降，用工降幅持续扩大。另外，随着煤炭行业供给侧改革的深入推进以及产量的下降，煤炭供给明显减少，价格有所反弹，价格跌幅转为收窄。煤炭行业去库存进程明显加快，产成品资金连续两个季度同比下降，表明去库存的政策已取得一定成效，去库存出现转机。不过，与主营业务收入相比，产成品资金降幅仍小于主营业务收入降幅，表明库存仍有进一步下降的空间。

（二）基本原因分析

煤炭产业整体低迷反映出煤炭产业的发展寒冬，这种现象可以归纳为市场供需失衡、结构不合理、体制机制约束三个方面的原因。

（1）市场供需严重失衡。加入世贸组织之后，中国经济的高速增长带来了煤炭产业发展的黄金十年，煤炭产能大幅扩张。中国煤炭企业七成属于国有企业，在财政补贴等的作用下，非理性投资进一步加大了产能的大幅扩张。金融危机发生后，受国内市场需求萎缩、产业结构调整、能源革命、国际原油价格大幅下滑、生态环境约束等的影响，煤炭作为我国的主要能源原料，市场需求量持续下滑，供给需求矛盾凸显，进而导致固定资产投资、销售收入、利润、税金、从业人员的下降，这反映在景气指数上就是持续下行。此外，进口煤炭煤质较好，进口持续保持高位，也加重了国内煤炭行业的供需矛盾。

（2）结构不合理。煤炭行业产业结构、技术结构、产品结构不合理的问题依然突出，生产集中度低，人均效率低，产品结构单一的问题还没有得到根本改变，煤炭的安全开发、洁净生产、深度加工仍面临诸多问题。

（3）体制机制约束。企业管理粗放，负担较重，社会职能分离难，衰老报废煤矿退出机制不完善等制约行业发展的瓶颈依然存在。面对经济下行与市场需求萎缩，煤炭产业的自身瓶颈也是产业进入寒冬期的重要原因。

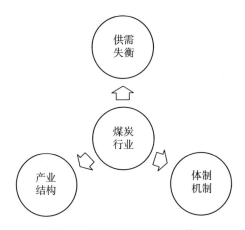

图 14　煤炭产业面临的困境

2015 年 11 月以来，以去产能、去库存、去杠杆、降成本、补短板为重点的供给侧结构性改革拉开大幕。煤炭行业作为供给侧结构性改革的重点，通过依法淘汰关闭、重组整合、减量置换、依规核减、搁置延缓开采或通过市场机制淘汰，实现煤炭过剩产能的有序退出；通过建立健全企业员工公开招聘、竞争上岗的市场化用人制度，实现职工薪酬能高能低。随着煤炭行业供给侧改革的深入推进，煤炭行业激励制度有所改善，经济绩效有所好转，价格有所反弹。煤炭行业去库存进程明显加快，去库存出现转机。

三、行业前瞻与对策建议

（一）煤炭产业景气指数预测

煤炭行业企业景气调查结果显示，2016年第二季度企业景气指数为63.9，比第一季度上升7.7点。其中，反映企业家对第三季度企业经营状况判断的预期指数为65.0，上升6.8点；反映第二季度企业综合经营状况的即期指数为62.2，上升9.1点。煤炭行业景气度有所反弹。具体来看，订货指数第二季度为57.1，比第一季度上升8.5点，盈利指数第二季度为67.2，比第一季度上升20.8点，用工预期指数第二季度为83.7，比第一季度上升3.2点，投资预期指数第二季度为62.3，比第一季度上升4.4点，均出现一定程度反弹。

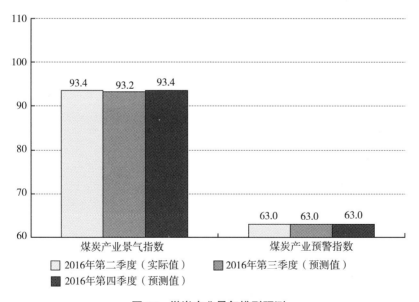

图15 煤炭产业景气模型预测

经模型测算，2016年第三季度和第四季度中经煤炭产业景气指数分别为 93.2 和 93.4，保持基本平稳；预警指数分别为 63.0 和 63.0，呈平稳走势。

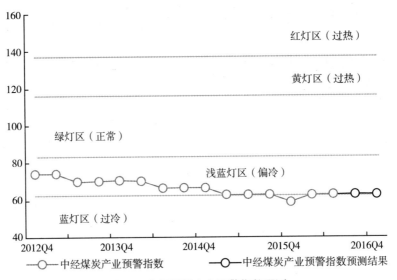

图16　中经煤炭产业预警指数预测

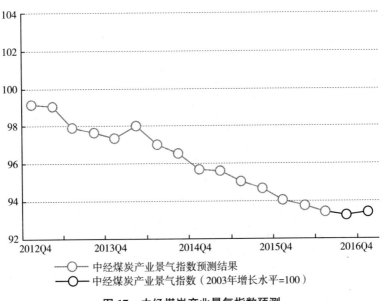

图17　中经煤炭产业景气指数预测

（二）2016 年下半年行业前景展望

2016 年第三和第四季度，受经济增长放缓、能源结构调整、环保压力、供给侧改革等的影响，煤炭行业依旧面临下行压力，市场需求仍将继续收缩，行业景气继续走低。

1. 宏观经济低迷与供给侧改革

2016 年上半年两个季度 GDP 增长率为 6.7%、6.7%，比 2015 年前两个季度下降 0.3%、0.3%。中国正处在结构调整的关键时期，"三期"叠加的阵痛还在持续。去产能、去库存尽管会对经济产生积极的作用，但短期会对经济增长产生一定压力。从去产能看，2016 年去产能确定了钢铁和煤炭两大行业作为攻坚领域。1~5 月，原煤产量同比下降 8.4%。国内经济的持续下行和供给侧改革将压缩煤炭市场需求。

2. 产业结构与投资结构优化

中国已经步入产业结构与投资结构双优化的时期。从产业结构看，2016 年服务业增速继续快于工业，这意味着服务业占 GDP 比重继续提高。从工业内部结构看，高技术产业、先进的装备制造业增长速度明显加快，比重也在持续提高，表明工业向中高端迈进的步伐在加快。从投资结构看，投资增速确实有所回落，但投资结构继续改善。高技术投资、服务业投资保持较快增速，比重也在提升，而高耗能投资尤其是产能过剩行业投资增速在回落。产业结构与投资结构的优化，会降低对能源的需求。

3. 去库存是下游关联产业的主旋律

从下游相关行业来看，2016 年上半年房地产受到 2015 年数次降息余波影响后表现非常，尤其是在"去库存"的国家级任务刺激下，市场终于在春节后爆发了一轮强有力的"冲天飞"。然而好景不长，

"限购"大棒终于压住了房价上涨的嚣张气焰。去库存依然是房地产的主旋律。上半年亟待去库存的三、四线城市收效甚微，这意味着2016年下半年去库存任务依然不会放松。区别对待式的楼市调控政策，在2016年下半年会体现得更加具体。对价格涨幅过大、投机过热的地区采取严格的调控政策；反之，则采取宽松、放松的政策措施。受此影响，钢铁、水泥、建材等行业的用煤需求仍将有所减少，特别是钢铁行业自身还面临着供大于求的格局，未来产能将受到制约，从而影响煤炭需求。

宏观经济的低迷、供给侧改革的压力、产业结构与投资结构的优化、关联产业去库存的任务，决定了对能源的需求呈现下降趋势，这也意味着下半年煤炭产业低迷的趋势仍将持续。

（三）行业发展对策建议

基于上述观点，为推动煤炭行业稳定发展，促使传统煤炭行业转型升级，提出以下论述和建议：

1. 平衡市场供需，保住煤炭价格回调势头

要改变当前煤炭经济低位徘徊、价格上涨乏力的局面，关键是平衡供需、稳定价格。这需要政府和企业双方共同努力。从政府层面看，需加大执法力度，出台问责制度，保证措施能真正落地。既要加强限产政策的执行和监督力度，也要政府有关部门出台相关配套政策，如限产补贴等，引导煤炭产能渐进退出，逐步实现供需平衡。另外，煤炭企业也要积极响应政策号召，并努力提高自身竞争力。煤炭企业既要摆脱过度依赖政策支持的思路，同时还要协同一致，避免恶性竞争，共同努力实现煤炭经济的健康稳定发展。

2. 强调效益规模、分工协作与分布式架构

煤炭行业当前的主导发展思维仍表现为通过扩大生产规模而使单

位产品所需的生产成本降低，仍然基于传统工业"多劳多得、少劳少得"的思维模式。然而，市场变化导致行业在一定程度上出现了规模不经济、规模无效益的情况；"多劳多得、少劳少得"的思维模式已远远无法满足现实经营的需求，甚至阻碍了组织效益的提高。将互联网思维引入煤炭行业，将企业、行业发展集中在组织效益密集的定位上，其关注点是提高劳动生产率等，重点是改善效益，提升经济增长的质量；将细化分工、分产承包的劳动形式转变为"分工协作"的新形式，使不同才能的人都能充分发挥个人效益。

此外，积极建立分布式的供电架构。以能源互联网为例，众多小型分布式能源组成的微电网构成了能源互联网的基石，各种规模不同的微电网之间可以实现电能的高效配置和双向共享。以分布式系统为基础搭建的能源互联网，将从目前以能源生产为主导的思维模式转变成面向用户的全面提供能源解决方案的一种发展模式。这种新的发展模式强调能源系统的非线性整合，以扁平化与去中心化的系统架构不断增强终端用户的体验。

3. 加快产业升级，实现绿色可持续发展

在全球资源约束、工业化和城镇化加速推进的大背景下，全球正面临一场资源革命，寻求替代能源、减少浪费、循环利用、优化使用、虚拟发展是未来资源革命的五大原则。对于煤炭产业而言，顺应资源革命就是要加快产业升级、延伸产业链条、促进合理布局、实现绿色可持续发展。

（1）延伸产业链条、挖掘资源潜在价值是经济发展的根本规律。对于煤炭产业，发展煤化工产业、实现产业升级是破解环境约束、实现绿色发展的关键举措。一是关键核心装备技术升级。在大型煤气化、空分、净化、合成、分离装备及关键泵、阀等方面，努力实现自主化，为产业化发展提供装备支撑。二是先进煤气化技术的升级。要求高阶煤高端利用、低阶煤合理利用，全面提高煤炭清洁、分质、高效利用水平。三是先进合成技术升级。煤气净化技术更先进，合成催化剂更加高效，合成技术在温度、压力、合成效率上更合理。四是终端产品升级。通过技术创新，尽快改变目前终端产品结构雷同的困局，加快形成终端产品高端化、差异化的新局面。

（2）绿色可持续发展。绿色可持续发展直接关系着煤炭产业发展的前途和未来。未来五年煤炭产业绿色可持续发展必须认真抓好三项重点工作：一是提升煤化工产业在废水、废气、固体废弃物等的排放标准，用先进合理的技术标准体系，努力提升现代煤化工项目的绿色发展水平；二是下大功夫突破高盐废水和 CO_2 排放利用的技术制约，用清洁可靠的技术从根本上解决当前制约煤炭产业发展的环保排放突出矛盾；三是建立高效严格的环保监管体系，特别是通过化工园区和现代煤炭基地的集中在线监管体系，培养我国煤炭产业绿色可持续发展的标杆和典型。

4. 去产能过程中，构建新的激励机制，完善职工社会保障

2016 年是煤炭产业去产能的关键一年。发挥市场机制的作用，按照"四个一批"，就是按照"消化一批、转移一批、整合一批、淘汰一批"的途径加快化解产能过剩，仍然是煤炭产业去产能的主旋律。

在去产能的过程中，一要更加注重运用市场机制、经济手段、法治办法来化解产能过剩，严格执行环境保护、节约能源、产品质量、安全生产等相关的法律法规。强化环保、能耗、质量、安全的硬约束。在严格执法的同时，配合运用价格杠杆等经济手段，用市场的办法来推动化解产能过剩。二要建立和完善激励机制，提高生产效率。建立健全企业员工公开招聘、竞争上岗的市场化用人制度，实现企业员工能进能出；推进职业经理人队伍建设，变身份管理为岗位管理，实现干部能上能下；建立企业内部考核评价机制，严格与绩效挂钩考核，实现职工薪酬能高能低。三要把职工安置作为化解过剩产能工作的重中之重，坚持企业主体作用与社会保障相结合，细化措施方案，落实保障政策，切实维护职工合法权益。充分尊重职工、全力依靠职工推进改革，安置计划不完善、资金保障不到位以及未经职工代表大会或全体职工讨论通过的职工安置方案，不得实施。推动国有煤炭企业医疗保险、工伤保险和生育保险实行属地社会管理。

执笔人：胡安俊

中经产业景气指数石油产业
2016 年上半年分析

一、2016 年上半年石油产业运行状况[①]

在总体经济低迷、需求疲软、产能过剩、结构矛盾的大背景下，在供给侧改革、油价回升的推动下，2016 年上半年石油产业景气指数下滑幅度持续缩小，预警指数已经扭转持续下滑态势，石油产业生产状况开始出现好转迹象。

（一）石油产业景气状况

1. 景气指数下滑幅度持续缩小

石油产业[②]监测预警数据显示，2016 年第一、第二季度石油产

---

① 本部分的数据分析主要基于中经产业指数 2016 年第一至第二季度报告。
② 石油产业包括石油开采和石油加工两个行业大类。

业景气指数为 94.1、94.1[①]（2003 年增长水平＝100[②]）。从同比看，与 2015 年第一、第二季度相比下降 0.2 点和 1.5 点，延续自 2014 年第一季度以来的持续下滑态势。但是从下滑的幅度看，自 2015 年第一季度以来持续变小。从环比看，2016 年第一季度比 2015 年第四季度低 0.9 点，2016 年第二季度与第一季度持平。

进一步剔除随机因素后[③]，2016 年第一、第二季度中经石油产业景气指数为 90.0、91.0，比未剔除随机因素的指数（仅剔除季节因素，保留随机因素）低 4.1 点、3.1 点。从同比看，与 2015 年第一、第二季度相比下降 2.3 点和 0.0 点，延续自 2014 年第一季度以来的持续下滑态势。但是从下滑的幅度看，自 2015 年第二季度以来下滑幅度不断缩小。从环比看，2016 年第一季度比 2015 年第四季度低 0.1 点，2016 年第二季度比第一季度高 1.0 点。

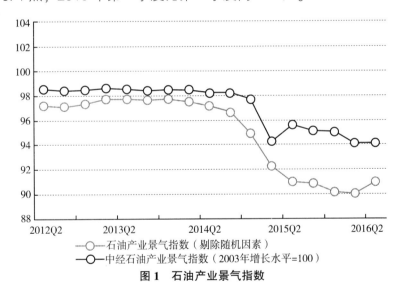

图 1　石油产业景气指数

① 根据景气预警指数体系运算方法，行业景气指数、行业预警指数及预警灯号的构成指标要经过季节调整，剔除季节因素对数据的影响，因此行业景气指数、预警指数及预警灯号发布当期数据时，前期数据也会进行调整。
② 2003 年石油产业的预警灯号基本上在"绿灯区"，相对平稳，因此定为中经石油产业景气指数和石油产业生产合成指数的基年。
③ 随机因素亦称不规则性，如新政策实施、宏观调控、自然灾害等因素对数据的影响。

2. 预警指数扭转持续下滑态势，但仍然在"浅蓝灯区"运行

2016年第一、第二季度，中经石油产业预警指数为70、70，与2015年第一、第二季度相比分别增长6.7、6.7，扭转了自2014年第三季度以来持续下滑的态势，但是仍然在"浅蓝灯区"运行。

在构成中经石油产业预警指数的10个指标中（仅剔除季节因素①，保留随机因素），位于"黄灯区"的有2个指标——产成品资金（逆转②）和应收账款（逆转）；位于"浅蓝灯区"的有3个指标——主营业务收入、从业人数和进出口总额；位于"蓝灯区"的有3个指标——销售利润率、固定资产投资和生产者出厂价格指数。

比较2016年第一、第二季度的变化，发现有2个指标灯号发生变化。生产合成指数由"绿灯"下降为"浅蓝灯"，石油产业利润总额则从"蓝灯区"进入"浅蓝灯区"。综合各项指标变动情况，石油产业预警指数仍在"浅蓝灯区"运行。

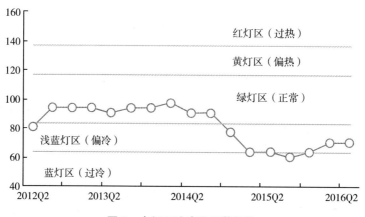

图2　中经石油产业预警指数

---

① 季节因素是指四季更迭对数据的影响，如冷饮的市场销量随四季气温年复一年发生周期变动。

② 逆转指标也称反向指标，对行业运行状况呈反向作用。其指标量值越低，行业状况越好，反之则相反。

指标名称	2013年		2014年				2015年				2016年	
	3	4	1	2	3	4	1	2	3	4	1	2
石油产业生产合成指数	绿	绿	绿	绿	绿	绿	绿	绿	绿	绿	绿	蓝
石油产业主营业务收入	蓝	蓝	蓝	蓝	蓝	蓝	蓝	蓝	蓝	蓝	蓝	蓝
石油产业利润总额	绿	绿	绿	绿	绿	绿	蓝	蓝	蓝	蓝	蓝	蓝
石油产业销售利润率	蓝	绿	绿	绿	绿	蓝	蓝	蓝	蓝	蓝	蓝	蓝
石油产业从业人数	黄	黄	黄	黄	黄	黄	蓝	蓝	蓝	蓝	蓝	蓝
石油产业固定资产投资总额	绿	绿	绿	绿	绿	绿	蓝	蓝	蓝	蓝	蓝	蓝
石油产业生产者出厂价格指数	绿	绿	绿	绿	蓝	蓝	蓝	蓝	蓝	蓝	蓝	蓝
石油产业进出口总额	蓝	蓝	蓝	蓝	蓝	蓝	蓝	蓝	蓝	蓝	蓝	蓝
石油产业产成品资金（逆转）	绿	黄	绿	绿	绿	绿	黄	黄	黄	黄	黄	黄
石油产业应收账款（逆转）	绿	蓝	绿	绿	绿	绿	绿	绿	绿	黄	黄	黄
预警指数	绿	绿	绿	绿	蓝	蓝	蓝	蓝	蓝	蓝	蓝	蓝
	93	93	97	90	90	77	63	63	60	63	70	70

图3 石油产业预警指数指标

★灯号图说明：预警灯号图采用交通信号灯的方式对描述行业发展状况的一些重要指标所处的状态进行划分：红灯表示过快（过热），黄灯表示偏快（偏热），绿灯表示正常（稳定），浅蓝灯表示偏慢（偏冷），蓝灯表示过慢（过冷）；并对单个指标灯号赋予不同的分值，将其汇总而成的综合预警指数也同样由5个灯区显示，意义同上。

（二）企业生产、经营与投资状况

1. 生产情况有所改观

2016年第一、第二季度，石油产业生产合成指数分别为100.6、99.6（2003年增长水平=100），相比2015年第一、第二季度分别增长0.7点、下降0.6点。相比之前生产合成指数连续四个季度的持续下滑，2016年上半年有所改观。

重点监测的五种产品中，2016年第一季度有四种产品保持同比增长态势，按增速由高到低的顺序排列依次是：煤油21.7%、汽油8.1%、天然气5.7%、柴油2.5%，其中天然气和柴油同比增速比

2015年第四季度有所上升，煤油和汽油的同比增速有所放缓；2016年第二季度有3种产品保持同比增长态势，分别为煤油9.5%、汽油9%、天然气5.2%，但3种产品的增速分别比第一季度降低了1.2个、3.7个和0.5个百分点；柴油则由增转降，为减产2.2%；天然原油降幅扩大，为减产3.7%。

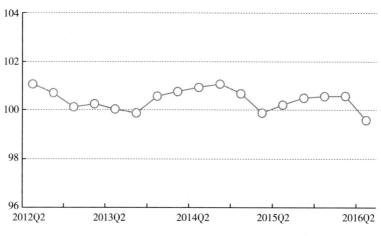

图4　石油产业生产合成指数（2003年增长水平＝100）

2. 销售收入降幅缩小

经初步季节调整①，2016年第一、第二季度石油产业主营业务收入为8602.5亿元、8505.3亿元，同比下降10.7%、12.3%，延续六个季度同比下滑。但从下滑幅度看，最近6个季度呈现缩小趋势。

石油产业主营业务收入第二季度降幅比第一季度略有扩大主要与石油加工炼焦及核燃料加工业销售收入降幅扩大有关。这是因为第一、第二季度，石油和天然气开采业销售收入同比下降31.5%、24%；石

———————

① 初步的季节调整指仅剔除春节等节假日因素的影响，未剔除不规则要素的影响。

油加工炼焦及核燃料加工业销售收入同比下降 4.6%、9.3%。

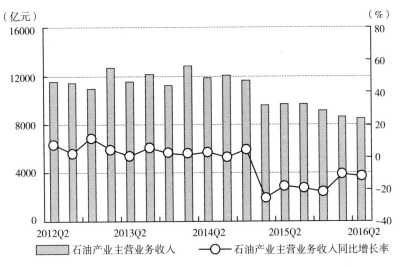

图5　石油产业主营业务收入

3. 进出口降幅略有收窄

经初步季节调整，2016 年第一、第二季度石油产业进出口总额为 336.7 亿美元、331.1 亿美元，同比下降 31.1%、21.4%，延续 7 个季度同比下降。但从降幅看，2016 年第一、第二季度比 2015 年第一、第二季度乃至 2015 年第三、第四季度的降幅略有缩小。

2015 年 11 月 26 日，国家发改委发布地方炼油厂申报使用进口原油有关问题的复函，要求申报企业在淘汰完毕自有落后装置的前提下，可根据实际淘汰的落后装置能力（包括自有和兼并重组装置）获得用油资质和相应的用油数量。该文件在一定程度上促进了石油的进口。从进口情况来看，1~5 月原油进口量为 3224 万吨，同比增长 16.5%；进口金额为 94.0 亿美元，同比下降 27.1%。成品油进口量为 301 万吨，同比上升 4.5%；进口金额为 11.0 亿美元，同比下降 25%。

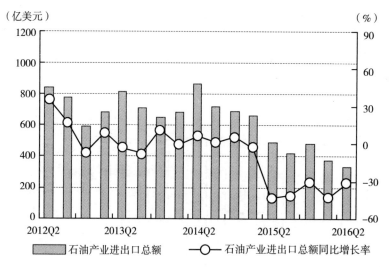

图6 石油产业进出口总额

4. 价格跌幅收窄

2016年第一、第二季度，石油产业生产者出厂价格总水平同比下跌18.0%、16.6%，已持续3个季度跌幅收窄。2016年3月以来，国际油价波动回升，推动国内成品油价格自4月中下旬开始连续上调。从分行业月度环比价格来看，2016年3月、4月和5月石油工业价格环比涨幅分别为2.8%、5.8%和5.8%。

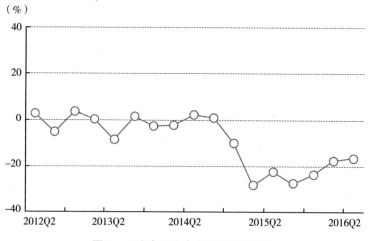

图7 石油产业生产者价格同比变动

5. 延续去库存态势

经初步季节调整，2016 年第一、第二季度，石油产业产成品资金为 724.1 亿元、752.1 亿元，同比下降 12.2%、7.0%，降幅相比 2015 年各个季度都有所收窄。产成品资金占用降幅收窄主要受产品价格跌幅收窄和销售收入下降的影响。

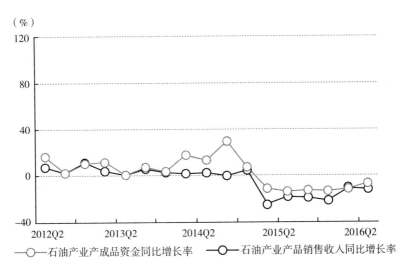

图8　石油产业产品去库存

6. 行业扭亏为盈

经初步季节调整，2016 年第一、第二季度石油产业利润总额为 −46.8 亿元、683.2 亿元，同比下降 50.8%、15.1%。从下降幅度看，2016 年上半年的利润下降幅度比 2015 年上半年大幅收窄。从 2016 年两个季度的比较看，第一季度为亏损 26 亿元，减亏超过一半，第二季度行业实现扭亏为盈。行业利润的恢复与油价上调有关。

7. 应收账款降幅扩大

经初步季节调整，2016 年第一、第二季度，石油产业应收账款为 974.7 亿元、989.0 亿元，同比下降 4.5%、8.6%，连续三个季

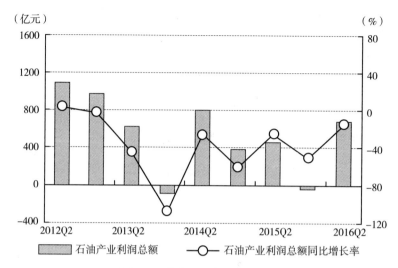

图 9 石油产业利润总额 （一）

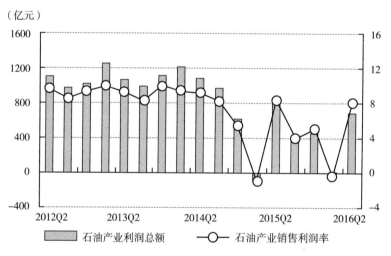

图 10 石油产业利润总额 （二）

度出现同比下降，且降幅不断扩大。但从应收账款周转天数①看，2016 年第一、第二季度石油产业应收账款周转天数为 11.2 天、

---

① 应收账款周转天数：表示在一个季度内，应收账款从发生到收回（周转一次）的平均天数。一般来说，应收账款周转天数越短，则资金利用效率越高，反之则越低。计算公式为：90/（季度销售收入/平均应收账款）。

10.4 天，比 2015 年同期延长 0.9 天、0.7 天。因此，应收账款降幅扩大主要受销售收入降幅扩大的影响。

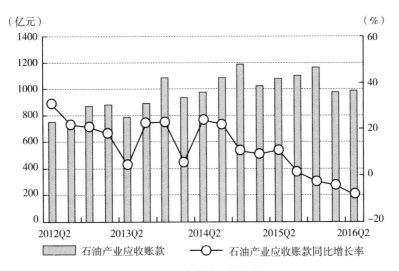

图 11　石油产业应收账款

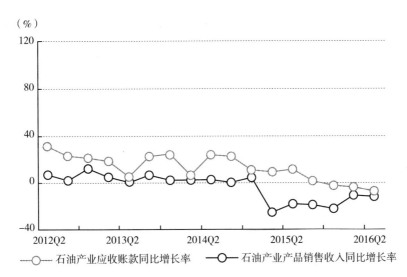

图 12　石油产业产品回款

8. 固定资产投资呈降幅收窄迹象

经初步季节调整，2016年第一、第二季度石油产业固定资产投资总额为292.1亿元、1453.0亿元，同比下降41.7%、3.9%。第一季度降幅很大，第二季度大幅收窄37.8个百分点。降幅的大幅收窄主要与基数效应有关，由于2015年第一季度基数较大导致2016年第一季度同比降幅大幅扩大。

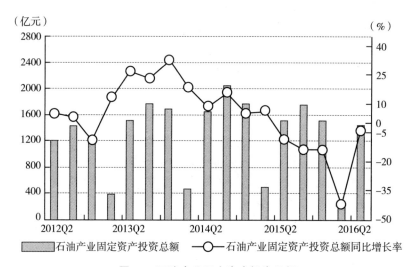

图13 石油产业固定资产投资总额

9. 用工持续减少

经初步季节调整，2016年第一、第二季度，石油产业从业人数为131.3万人、134.3万人，同比下降5.7%、6.3%，延续五个季度出现同比下降，并且降幅不断扩大。这种现象与能源需求下滑、国家实施去产能战略有关。

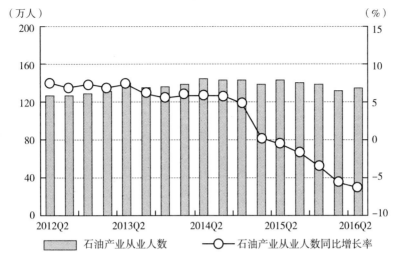

图 14　石油产业从业人数

二、2016 年上半年石油产业运行分析

（一）总体运行情况

在总体经济低迷、需求疲软的大背景下，在供给侧改革、油价回升的推动下，2016 年上半年石油产业景气指数下滑幅度持续缩小，预警指数仍然在"浅蓝灯区"运行，但已经扭转持续下滑态势。总体而言，石油产业生产状况开始出现好转迹象。

从各个指标的情况看，销售收入降幅缩小、进出口降幅略有收窄、价格跌幅收窄、延续去库存态势、应收账款降幅扩大，行业扭亏为盈，生产情况有所改观。但在国际油价低迷、供给侧改革的主旋律下，固定资产投资呈降幅收窄迹象，用工持续减少。

（二）基本原因分析

2016年中国石油产业出现好转迹象，是由正、负两方面作用力作用的结果。从正向作用来看，油价的回升在一定程度上促进了石油产业的好转；从负向作用来看，整体经济低迷、需求疲软，产能过剩和结构性矛盾则不利于石油产业的好转。具体而言：

1. 油价的回升

2016年上半年国际油价"触及新低、缓步回升"。①2016年2~4月的"冻产"问题，从心态预期层面对油价形成了支撑。②美国活跃的钻机书目开始下降，较2014年的高峰期下降近80%，美国原油产量自2015年4月达到峰值后，持续回落。美国原油产量和钻井数量的下降则是现实供应端的利好，并且是市场认为供需正在回归平衡观点的重要依据。③加拿大意外的森林大火、尼日利亚等地局势的动荡，在油价显露疲态之际提供了及时助推。这三大因素是2016年上半年油价上行的主要动力。然而，受真实供应依旧过剩、原油库存高企和全球经济复苏缓慢这三大利空的抑制，油价没有回升至较高点位。

表1　2016年上半年油价波动影响因素

	正向因素		负向因素
3月	市场对4月冻产会议的期盼重燃 美国钻井数量和原油产量下降 中国降准，全球股市大涨	1月	伊朗制裁全面解除，供应过剩的忧虑加重 全球股市下滑抑制市场气氛 美元汇率强势
4月	市场预期供需将逐渐回归平衡 美国石油钻井数量和产量双双创新低 美元汇率走低	2月	需求前景欠佳，美国商业原油库存首度突破5亿桶 四国冻产协议没有实质效果，超供忧虑延续 中国经济数据表现疲软

	正向因素	负向因素
5月	加拿大意外森林火灾，尼日利亚和利比亚政局不稳 国际能源署上调全球需求预测 投机商在原油期货持有多头创历史最高	
6月	美国夏季出行高峰到来，原油库存持续下降 尼日利亚局势不稳定 美国原油产量持续下降，市场认为供需失衡正在缓和	

资料来源：根据隆众石化网资料整理，http://toutiao.com/i6302295781659378178/。

我国石油的对外依赖度很高，在 60% 左右。国际油价直接影响石油生产行业的收入水平，整个行业对油价波动的敏感度较高。油价的回升导致石油企业的利润上升、投资降幅下降、销售降幅缩小，是石油产业出现好转迹象的原因。

2. 市场需求疲软

随着中国经济从高速增长转换到中高速增长，中国经济步入新常态，宏观经济下行压力较大，2016 年第一和第二季度的 GDP 增长率分别为 6.7%、6.7%，继续呈现下滑趋势。2016 年 1~7 月我国全社会用电量同比增长只有 3.6%，国内能源有效需求短期内难以持续提升。与此同时，国际市场复苏同样乏力。需求的低迷意味着成品油需求受限，化工行业整体低迷，需求改善的可能性不大。市场需求的疲软决定了石油产业发展的总体轨迹。

3. 石化产业产能过剩

尽管较低的原油价格对于炼化行业来说，意味着主要成本的下降。但是石化行业炼油产能严重过剩，导致众多下游产品供过于求。目前我国炼油行业原油加工能力约 7.5 亿吨，但每年实际原油加工量只有 5 亿吨左右，炼油产能过剩矛盾非常突出。化工行业结构性过剩更为突出。炼油、尿素、磷肥、聚氯乙烯、纯碱、电石六大行业产能利用率将进一步下降，产能过剩更加严重；氟化氢行业产能利用率达到 54%，但仍处于极度过剩状态；PTA、甲醇、烧碱的产能利用率也有所提高，但产能过剩仍十分严重。市场监测显示，2015 年通用树脂市场年均价格跌幅超过 10%；尿素价格在连续两年大跌后，受成本支撑，均价仅比上年略有上升；烧碱价格降幅达 8%；电石价格降幅为 12%；甲醇价格降幅更是达到 20%。氮肥、氯碱等出现行业性亏损；无机盐、甲醇、轮胎制造等行业利润连续两年或三年下降。在经济需求低迷的情况下，产能过剩在很大程度上利空整个化工行业的行情。

4. 结构性矛盾

一方面，传统石化产品产能过剩，另一方面，资源类产品和高端石油化工产品短缺突出。2016 年我国石油和化学行业依然面临严重的结构性矛盾，结构转型压力巨大。出口主要是基础化学原料等传统产品，而进口则是精细化学品、合成材料等中高端产品，行业结构转型升级非常迫切。

受油价回升的利好推动，石油产业出现一定的好转。但是在供给过剩、全球经济复苏缓慢，国内经济结构深度调整、供给侧改革等因素，2016 年上半年石油石化行业发展仍然压力较大。

三、行业前瞻与对策建议

（一）石油产业景气指数预测

预计 2016 年第三、第四季度景气指数为 94.3、94.6，相比第

一、第二季度出现上升态势；预计2016年第三、第四季度预警指数为70、73.3，也呈现上升态势。未来两个季度石油行业经济运行呈现稳中有升的态势。

2016年第二季度企业景气调查结果显示，石油产业企业景气指数为95.18，比第一季度上升9.1。其中，即期指数为92.6，比第一季度上升11.9点；预期指数为96.9，比第一季度上升7.2点。分行业看：①石油和天然气开采业企业景气指数为90.8，比第一季度上升10.3点。其中，即期指数为86.8，比第一季度上升11.5点；预期指数为93.4，比第一季度上升9.5。②精炼石油产品制造业企业景气指数为99.6，比第一季度上升7.8点。其中，即期指数为98.4，比第一季度上升12.3点；预期指数为100.4，比第一季度上升4.8点。分行业预期都呈现好转势头。

从具体指标看：①订货方面，石油和天然气开采业订货量增加的企业比减少的企业少23.1个百分点；精炼石油产品制造业订货量增加的企业比减少的企业少21.7个百分点。②用工方面，石油和天然气开采业下季度企业用工计划与第二季度相比增加的企业比减少的企业少15.5个百分点；精炼石油产品制造业下季度用工计划与第二季度相比增加的企业比减少的企业少5.4个百分点。③投资方面，石油和天然气开采业下季度投资计划增加的企业比减少的企业少44个百分点；精炼石油产品制造业下季度投资计划增加的企业比减少的企业少21个百分点。因此，在经济低迷的背景下，订货、用工和投资的市场预期仍显悲观。

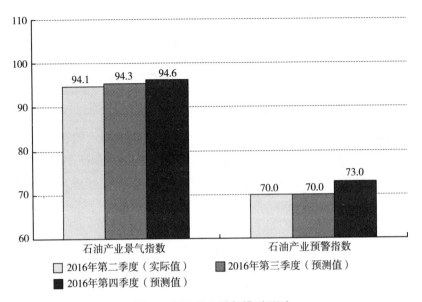

图15　石油产业景气模型预测

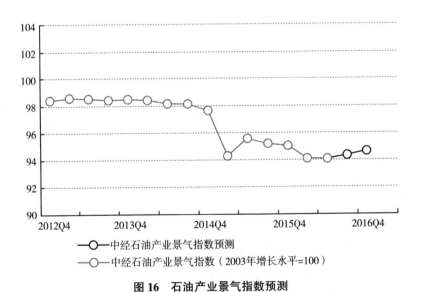

图16　石油产业景气指数预测

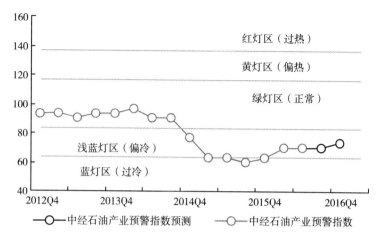

图 17　石油产业预警指数预测

（二）2016 年下半年行业前景展望

预计 2016 年下半年，石油行业面临的经济形势依然复杂，有利因素和不利影响并存。

1. 油价仍将低位运行

从供需格局看，短期内低油价的格局不会改变。

（1）从供给方面看，2015 年 12 月石油输出国组织（OPEC）作出稳产决议，继续维持在每天 3000 万桶以上的原油产量。美国的页岩油气革命导致美国的石油生产能力大幅提高，未来 5 年全球新增原油供给的 1/3 将来自美国。尽管美国能源信息署预测，2016 年美国原油产量仅会下降 1%，但是这个降幅不会对国际市场供给过剩的状况起到大的缓解作用。此外，俄罗斯、中亚里海、巴西、东非等油气供应中心也是不可小觑的力量。

（2）从需求方面看，全球各大经济体先后进入"弱增长"阶段，石油需求日渐疲软。中国国内经济下行压力仍然较大，成品油需求受限；受低油价拖累，国内化工行业整体低迷，需求改善的可能性不大，油品供需平衡关系仍有待进一步确立。"老中东"，美国为代表的"新中东"，俄罗斯、中亚里海等为代表的"中东之外"产量不减，中国、印度等为代表的"需求中东"疲软。产量不减、需求不旺，加之美元进入加息周期，原油市场看空预期增加，市场供给仍将大于实际需求，国际原油价格仍将保持低位运行态势。

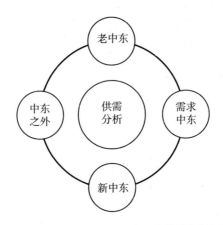

图18 "四大中东"构成的石油供需分析框架

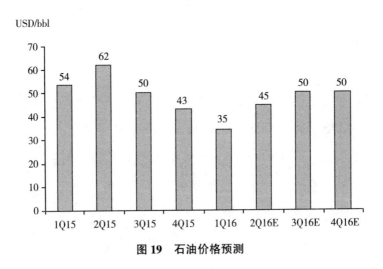

图19 石油价格预测

资料来源：彭博，招商证券（香港）预测。

在国际原油价格方面，受低油价带动，预计2016~2017年石油需求年增量预计在150万桶/天；全球石油供应的增速回落至50万~80万桶/天。国际原油市场价格更为平衡，原油库存见顶回落，从而支撑油价的温和回升。预计2016年下半年布伦特原油价格为50美元/桶，2016年下半年油价或进入窄幅震荡区间。

2. 能源消费低速增长

随着中国经济步入新常态，宏观经济下行压力较大，2016年第一和第二季度GDP增长率分别为6.7%、6.7%。2016年1~7月我国全社会用电量同比增长只有3.6%，国内能源有效需求短期内难以持续提升。按照经济增长1%，能源需求增长0.5%进行判断，"十三五"期间，我国能源消费低速增长的状态将延续，其中，石油消费增速保持在3%左右。

3. 供给侧改革全力推进

石油产业领域供给侧改革全力推进，为石油产业带来诸多利好。

（1）2015年10月，《中共中央、国务院关于推进价格机制改革的若干意见》（以下简称《意见》）发布。《意见》指出，将加快推进能源价格市场化，择机放开成品油价格和天然气销售价格。

（2）2015年12月29日，全国能源会议提出加快出台油气体制改革方案，促进国内能源结构变革。这有利于改善行业预期，推动石油行业创新升级。

（3）2015年1月1日，新修订的《中华人民共和国环境保护法》正式实施。这部被称为"史上最严"的《环境保护法》对高耗能、高排放的石油石化行业来说，将形成更加严厉的倒逼机制，使其在降低能耗、提高能效、油品升级等方面下功夫。短期看，严苛的法律实施必将带来行业的整顿和洗牌，但长期看，对整个石油石化产业转型升级将起到积极的推动作用。

综上所述，预计石油行业将保持低位运行。

（三）行业发展对策建议

在石油行业低位运行的背景下，积极化解过剩产能，培育有效市场，加强企业管理、提高运行效率，重视内外部资源整合重组。

1. 化解产能过剩、促进产业转型升级

结合政府近期强调的"供给侧改革"要求，坚决按照党中央关于"十三五"规划纲要建议的精神和国务院领导指示，石油行业抓紧化解产能过剩矛盾，为行业转型升级创造有利条件。要坚定不移地做好"严控产能总量、坚决淘汰落后产能、存量产能加快升级"这三篇文章。政府部门应进一步简政放权，加快建设公平的市场环境，因地制宜并主要依靠市场力量淘汰落后产能，建立去产能相关奖补机制，协同合作加快技术创新和高端化发展等。

2. 打破行政垄断和市场分割，培育有效市场竞争

石油行业应深化市场化改革，引入竞争机制，建立健全市场机制。主要包括放松市场准入，逐步放开终端销售市场；打破地域垄断，积极培养市场主体；从开放、完善和规范市场入手，制定市场规则，形成合理、有序的竞争格局；鼓励其他社会资金进入流通领域，营造健康有序的市场环境；充分运用市场经济手段，如建立国内石油现货和期货交易市场，以达到发现价格、规避风险、跟踪供求、调控市场的目的，合理引导石油天然气的生产、经营和消费。

3. 加强企业管理，提高运营销量

石油行业要加强资金和成本管理，在降本增效、提高资金使用率和行业营运效率方面取得明显进展。

4. 石油企业应重视内、外部资源整合重组

持续的油价下跌给石油行业带来了巨大的资金压力，整个行业将

出现更频繁的整合重组。对外，石油企业应抓住机遇，以提高公司价值为目的，向成本较低的地区和国家拓展，加快国际化经营步伐；对内，应根据我国石油行业内部的经营与生产实际情况，适当考虑重组整合部分企业，力求达到减少管理成本的目的。特别是在当前低油价的情况下，要加快老油田转型，增强可持续发展能力。

执笔人：胡安俊

中经产业景气指数钢铁行业
2016年上半年分析

一、2016年上半年钢铁行业运行状况①

受 2016 年上半年钢铁价格上涨的驱动，第二季度钢铁产业扭转了连续 9 个季度的下滑趋势。中经钢铁产业②预警指数由"浅蓝灯区"进入到"绿灯区"运行，钢铁产业出现回暖。

（一）钢铁行业景气状况

1. 景气指数扭转回升

2016 年第一、第二季度中经钢铁产业景气指数为 94.6、95.8③

---

① 本部分的数据分析主要基于中经产业指数 2016 年第一至第二季度报告。

② 中经钢铁产业包括黑色金属冶炼及压延加工业一个大类行业。

③ 根据景气预警指数体系运算方法，行业景气指数、行业预警指数及预警灯号的构成指标要经过季节调整，剔除季节因素对数据的影响，在对包含当期数据的时间序列进行季节调整时，历史数据的季节调整结果也将发生变化，因此行业景气指数、预警指数及预警灯号发布当期数据时，前期数据也会进行调整。

（2003年增长水平＝100①，仅剔除季节因素②，保留随机因素③）。从同比看，与2015年第一、第二季度同比变化−1.6点、0.1点，2016年第二季度扭转了连续9个季度（自2014年第一季度以来）的下滑趋势；从环比看，比2015年第四季度增长0.6点，比2016年第一季度增长1.1点。

进一步剔除随机因素后，2016年第一、第二季度中经钢铁产业景气指数为92.8、93.9。从同比看，与2015年第一、第二季度同比变化−1.8点、0.1点，2016年第二季度扭转了连续8个季度（自2014年第二季度以来）的下滑趋势；从环比看，比2015年第四季度增长0.7点，比2016年第一季度增长1.1点。

图1 钢铁行业景气指数

---

① 2003年中经钢铁产业的预警灯号基本上在"绿灯区"，相对平稳，因此定为中经钢铁产业景气指数的基年。

② 季节因素是指四季更迭对数据的影响，如冷饮的市场销量随四季气温年复一年发生周期变动。

③ 随机因素亦称不规则性，如新政策实施、宏观调控、自然灾害等因素对数据的影响。

2. 预警指数升至"绿灯区"运行

2016年第一、第二季度中经钢铁产业预警指数为63.3、83.3，从同比看，与2015年第一、第二季度同比变化-13.4点、10.0点，2016年第二季度扭转了连续9个季度（自2014年第一季度以来）的下滑趋势；从环比看，比2015年第四季度增长6.6点，比2016年第一季度增长20.0点。中经钢铁产业预警指数由"浅蓝灯区"进入到"绿灯区"运行。景气监测结果表明，钢铁行业运行态势呈回暖迹象。

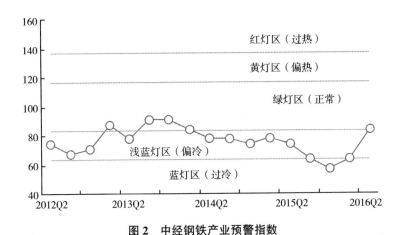

图2 中经钢铁产业预警指数

3. 预警灯号

2016年第一、第二季度，在构成中经钢铁产业预警指数的10个指标中（仅剔除季节因素，保留随机因素），位于"红灯区"的有1个指标——钢铁行业产成品资金（逆转①）；位于"绿灯区"的有2个指标——利润合成指数和钢铁行业应收账款（逆转）；位于"蓝灯

---

① 逆转指标也称反向指标，其指标值越低，行业状况越好，反之则相反。

区"的有 2 个指标——粗钢产量和钢铁行业主营业务收入。第一、第二季度有 5 个指标灯号发生改变，钢铁产业固定资产投资、钢材出口额和从业人数由"蓝灯"升为"浅蓝灯"，钢铁产业生产者出厂价格指数由"蓝灯"升为"绿灯"，销售利润率由"浅蓝灯"升为"绿灯"。

指标名称	2013 年		2014 年				2015 年				2016 年	
	3	4	1	2	3	4	1	2	3	4	1	2
粗钢产量	蓝	蓝	蓝	蓝	蓝	蓝	蓝	蓝	蓝	蓝	蓝	蓝
钢铁产业固定资产投资	蓝	蓝	蓝	蓝	蓝	蓝	蓝	蓝	蓝	蓝	蓝	浅蓝
钢铁产业生产者出厂价格指数	蓝	绿	蓝	蓝	蓝	蓝	蓝	蓝	蓝	蓝	蓝	绿
钢材出口额	绿	绿	绿	绿	绿	绿	绿	绿	绿	蓝	蓝	蓝
钢铁产业主营业务收入	蓝	蓝	蓝	蓝	蓝	蓝	蓝	蓝	蓝	蓝	蓝	蓝
钢铁产业销售利润率	绿	绿	绿	绿	绿	绿	绿	蓝	蓝	蓝	浅蓝	绿
钢铁产业利润合成指数	黄	黄	绿	绿	绿	绿	绿	绿	绿	蓝	绿	绿
钢铁产业从业人数	绿	绿	绿	绿	绿	绿	绿	绿	绿	绿	蓝	蓝
钢铁产业应收账款（逆转）	绿	绿	绿	绿	绿	绿	绿	绿	绿	绿	绿	绿
钢铁产业产成品资金（逆转）	黄	绿	绿	绿	绿	绿	黄	黄	黄	黄	红	红
预警指数	绿	绿	绿	浅蓝	浅蓝	蓝	浅蓝	蓝	蓝	蓝	蓝	绿
	90	90	83	77	77	73	77	73	63	57	63	83

图 3　钢铁产业预警指数指标

★灯号图说明：预警灯号图采用交通信号灯的方式对描述行业发展状况的一些重要指标所处的状态进行划分：红灯表示过快（过热），黄灯表示偏快（偏热），绿灯表示正常（稳定），浅蓝灯表示偏慢（偏冷），蓝灯表示过慢（过冷）；并对单个指标灯号赋予不同的分值，将其汇总而成的综合预警指数也同样由 5 个灯区显示，意义同上。

（二）钢铁行业生产经营与投资状况

1. 粗钢生产同比由降转增

经初步季节调整①②，2016 年第一、第二季度全国粗钢产量为 2.4 亿吨、2.1 亿吨，与 2015 年第一、第二季度同比变化−5.7%、1.4%，扭转连续六个季度（自 2014 年第四季度以来）同比下降的趋势。钢铁企业开工率也有所上升。

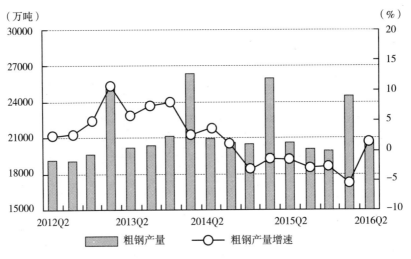

图 4　粗钢产量

2. 价格总水平由下跌转为上涨

2016 年第一、第二季度钢铁行业产品出厂价格分别为 83.8、101.7，同比变化−16.2%、1.7%，自 2012 年第一季度以来价格首次同比上涨；价格环比持续上涨，其中 3 月、4 月和 5 月的价格环比

---

① 初步季节调整指原始数据仅剔除春节等节假日因素的影响，未剔除不规则要素的影响。

② 季度说明：本报告所有财务绩效数据第一季度是指 1~2 月数据（流量指标加上了近似上年 12 月的数据，并做了初步季节调整，仅剔除了春节因素的影响）；第二季度是指 3~5 月。其他宏观指标如产量、投资、外贸、价格指数，如无特别说明，季度划分同上所述。

涨幅分别为 4.9%、8.4% 和 2.5%。

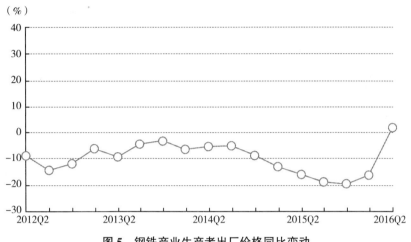

图 5　钢铁产业生产者出厂价格同比变动

3. 销售收入降幅收窄

经初步季节调整，2016 年第一、第二季度我国钢铁行业主营业务收入为 1.5 万亿元、1.7 万亿元，同比下降 13.2%、4.3%，连续 8 个季度（2014 年第三季度）同比下降，但降幅较 2015 年收窄。

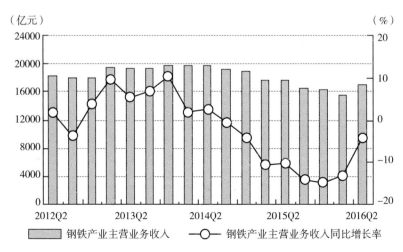

　　　　　钢铁产业主营业务收入　　—○— 钢铁产业主营业务收入同比增长率

图 6　钢铁产业主营业务收入

4. 出口持续下降

经初步季节调整，2016年第一、第二季度钢材出口额为142.2亿美元、133.7亿美元，同比下降34.7%、12.7%，延续自2015年第二季度（连续5个季度）以来下降的态势。从环比看，我国钢材出口也已经出现连续三个季度下滑的态势。由于国际需求持续低迷以及欧美对我国钢铁的反倾销加剧，使得我国钢材出口受阻，钢材出口额连续下降。

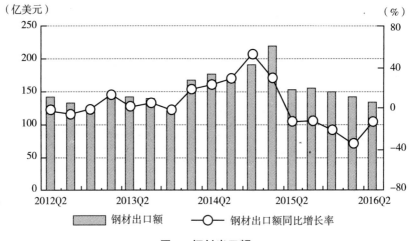

图7　钢材出口额

5. 去库存效果明显

经初步季节调整，2016年第一、第二季度钢铁行业产成品资金为2296.8亿元、2452.6亿元，同比下降18.3%、13.4%。出现连续六个季度（自2015年第一季度）的同比下滑，并且2016年上半年的下滑幅度较为剧烈。考虑到2016年第一季度钢材价格同比上涨1.7%，产成品库存的实际降幅就更为明显，行业库存压力有所减小。

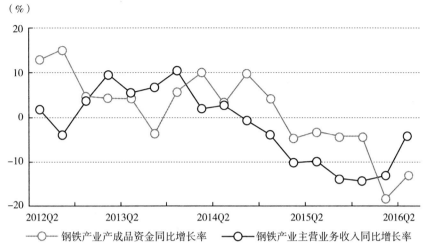

图8　钢铁产业去库存

6. 利润同比由降转增

2016 年第一、第二季度，经初步季节调整，钢铁行业利润总额为 37.5 亿元、533.6 亿元，与 2015 年第一、第二季度相比变化 -72.9%、110.0%，扭转了连续 6 个季度（2014 年第四季度）利润下滑的趋势。从环比看，2016 年上半年两个季度分别变化 -36.9%、1322.1%，也出现扭转态势。

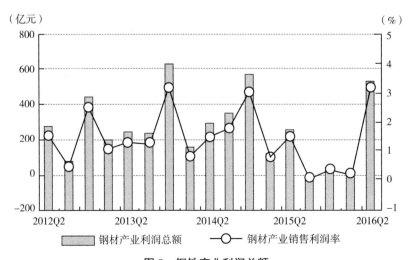

图9　钢铁产业利润总额

受利润同比恢复性增长的影响，钢铁行业销售利润率回升。2016年第一、第二季度钢铁行业销售利润率为0.29%、3.2%，比上季度回升0.44个、3.1个百分点，比上年同期变化−0.65个、1.7个百分点，但仍比全部工业5.1%、5.8%的平均销售利润率低。

7. 货款回收压力仍然较大

经初步季节调整，2016年第一、第二季度钢铁行业应收账款为3112.7亿元、3345.5亿元，同比增长1.7%、4.1%，呈现连续27个季度（自2009年第四季度以来）的增长态势。从增长的幅度看，相比2015年之前已经大幅下降。但是，从应收账款与主营业务收入的比较看，2016年第一、第二季度应收账款增速比主营业务收入增速高16.4个、8.4个百分点，表明企业回款压力依然较大。

2016年第一、第二季度钢铁行业应收账款周转天数①为19.2天、17.1天，分别比上年同期增加2.8天、0.7天。

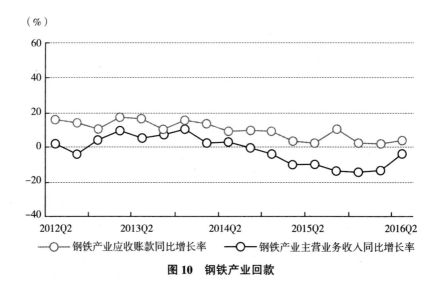

图10　钢铁产业回款

_____

① 应收账款周转天数：表示应收账款从发生到收回（周转一次）的平均天数。一般来说，应收账款周转天数越短，则资金利用效率越高，反之则越低。计算公式为：90/（季度销售收入/平均应收账款）。

8. 投资由降转增

经初步季节调整，2016 年第一、第二季度钢铁行业固定资产投资总额为 496.0 亿元、1156.8 亿元，同比增长-5.8%、7.0%，扭转了 5 个季度持续下降的局面，并且是 2012 年第四季度以来的最高增速。

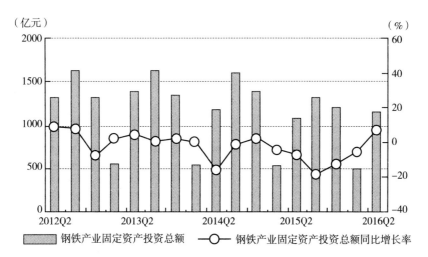

图11 钢铁产业固定资产投资总额

9. 用工降幅不断扩大

经初步季节调整，2016 年第一、第二季度钢铁行业从业人数为 289.4 万人、294.3 万人，同比下降 9.1%、7.7%。从降低幅度看，自 2014 年第三季度以来，降幅不断扩大。钢铁是供给侧改革的重点行业，这是用工降幅扩大的主要原因。

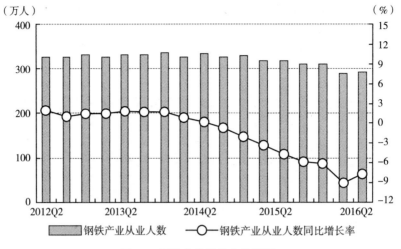

图12 钢铁产业从业人数情况

二、2016年上半年钢铁行业运行分析

（一）总体运行情况

在错综复杂的国际、国内形势下，受到国内经济下滑、需求萎缩、国际出口受阻、产业产能过剩等因素的影响，钢铁行业多年高速发展累积的问题和矛盾越发凸显。随着供给侧改革的深入推进，2016年上半年钢铁产业出现好转。

2016年第一、第二季度中经钢铁产业景气指数为94.6、95.8，第二季度扭转了连续9个季度的下滑趋势。中经钢铁产业预警指数由"浅蓝灯区"进入到"绿灯区"运行。钢铁行业运行态势呈回暖迹象。

从具体指标看，粗钢生产同比由降转增，价格总水平由下跌转为上涨，销售收入降幅收窄，出口持续下降，去库存效果明显，利润同比由降转增，投资由降转增。但应收账款增速比主营业务收入增速高，货款回收压力仍然较大，并在供给侧改革的推动下，用工降幅不断扩大。

（二）基本原因分析

钢铁产业出现回暖主要是由于钢材价格的上涨导致的，但这种价格的上涨主要发生在中间环节，终端市场的需求仍显低迷。这也在一定程度上决定了钢铁产业的整体景气格局。

1. 钢材价格在波动中整体上涨

2016年上半年国内钢材价格在剧烈波动中整体上涨。以2016年6月17日的价格为例，主要钢材品种价格均比上年同期出现7%~50%不等的增长。其中，镀锌板价格上涨50%，是所有钢材及原材料产品中价格上涨最高的产品，主要钢材品种中螺纹钢上涨仅有13.89%，热轧板卷有25.25%，轴承钢也出现7.32%的增长。

表1 2016年上半年国内主要钢材品种价格变化表（截至2016年6月17日）

产品名称	规格，mm	市场	6月17日	年内低点	年内高点	上年同期	变化（%）
镀锌板	1	上海/本钢	3870.00	2580.00	4480.00	3400.00	50.00
焦炭	二级	元/吨	965.00	680.00	1050.00	870.00	40.88
废钢	张家港	元/吨	1450.00	1050.00	1880.00	1480.00	38.10
型材	5#角	上海	2580.00	1980.00	3030.00	2560.00	30.30
焊管	寸半*3.25	唐山	2300.00	1810.00	3010.00	2150.00	27.07
热轧板卷	4.75	上海/沙钢	2530.00	1950.00	3275.00	2320.00	25.25
硬线	45#	山东/潍钢	2400.00	1920.00	3410.00	2310.00	25.00
铁矿石	唐山，66%	元/吨	385.00	310.00	470.00	475.00	24.19
热轧带钢	145	唐山	2150.00	1740.00	2900.00	2060.00	23.56
中厚板	14~20	上海/营口	2460.00	1965.00	3120.00	2140.00	23.00
彩涂板	0.476	天津/民营	3640.00	2980.00	4550.00	3600.00	22.15

产品名称	规格，mm	市场	6月17日	年内低点	年内高点	上年同期	变化（%）
钢坯	唐山	元/吨	1850.00	1520.00	2640.00	1820.00	21.71
生铁	唐山	元/吨	1550.00	1280.00	1950.00	1700.00	20.16
线材	Φ6.5~10	上海/中天	2380.00	1990.00	3100.00	2295.00	19.00
铁矿石	普氏指数，CFR	美元/吨	51.00	39.25	70.50	61.00	18.47
合结钢	40Cr 20	上海/淮钢	2580.00	2200.00	3400.00	2570.00	17.27
铁矿石	京唐港，PB粉	元/吨	377.50	320.00	520.00	470.00	17.05
拉丝材	Q195	上海/九江	2100.00	1790.00	3130.00	2320.00	16.67
碳结钢	45# 20	上海/淮钢	2360.00	1980.00	3230.00	2250.00	15.69
螺纹钢	Φ16~25	上海/萍钢	2050.00	1770.00	2980.00	2060.00	13.89
无缝管	108*4.5	上海	2600.00	2300.00	3250.00	3150.00	13.04
齿轮钢	20CrMnTi 50mm	上海-杭钢	2840.00	2600.00	3430.00	3175.00	9.23
冷轧板卷	1	上海/鞍钢	2930.00	2700.00	3800.00	3010.00	8.52
不锈钢	304 2.0	无锡/太钢	12200.00	11200.00	13200.00	13825.00	7.96
轴承钢	GCr15	杭州/兴澄	4400.00	4100.00	4400.00	6100.00	7.32

资料来源：http：//futures. jrj. com. cn/2016/06/21150421094796. shtml。

2016年上半年钢铁价格整体上涨是由多个因素共同作用的结果[①]。一是资金推动因素。2010年之后黑色金属产业链逐步建立起完整的期货体系，上海期货交易所的螺纹钢、热卷，大连商品交易所焦煤、焦炭及铁矿石等共同构成了钢铁完整的期货产业链体系。期货的参与人数与参与规模逐步扩大，导致黑色系产品金融属性不断增强。由于资产配置荒因素的影响，大量投机资金无处可去，周期性较好的螺纹钢产品成为投机资金的寻找标的，正是由于投机资金的大量涌入导致期货价格快速拉高，特别是3~4月表现特别明显。二是低库存、低产量、低开工率与传统旺季共振。从2015年12月到2016

---

① 参考 http：//futures. jrj. com. cn/2016/06/21150421094796. shtml 的分析。

年春节的一段时间，库存较上年同期下降 1/4；由于 2015 年第四季度停产企业较多，国内钢铁企业开工率降至低点；同期中钢协的粗钢日产量也逼近 200 万吨，在三个因素的共同影响下，钢铁市场做多热情高涨。进入 3 月之后，由于国家政策力度的加强以及传统消费旺季的因素影响，市场做多热情进一步高涨，共同推动了三四月钢材价格的暴涨。另外，从库存的变化情况来看，钢材社会库存的冬储周期后移也是价格上涨的一个原因。三是宏观经济预期的好转。房地产价格自 2015 年 10 月之后明显好转及春节过后一线城市房价暴涨的因素是导致钢材价格上涨的最大预期支撑。以房地产为代表的基建市场拉动国内钢材需求的 60%以上，房地产数据的好转是支撑钢材价格上涨的主要宏观因素之一。

但是，需要清醒地看到：这一波钢材价格的上涨大多发生在市场中间流通环节，而终端市场的实际需求并未出现明显好转。特别是基建市场，虽然有较多的基础建设项目被批复，但大多没有进入建设期，因此并未形成对钢材需求的实际支撑。在缺乏实际需求支撑的情况下，钢材价格快速上涨，并且钢厂利润一度达到 1000 元/吨之多，严重违背了市场经济规律，给了期货市场做空利润的机会，导致 4 月下旬钢材价格快速回落。

2. 经济需求依旧疲软

从国内环境看，随着中国经济从高速增长转换到中高速增长，中国经济步入新常态，2016 年前两个季度的 GDP 增长率皆为 6.7%，宏观经济下行压力较大，国内有效需求短期内难以持续提升。虽然新型城镇化进程稳步推进，但房地产市场走势分化明显，大部分二、三线城市房地产市场仍然低迷。宏观经济下行、房地产市场低迷等原因导致内销市场动力不足，制约着国内钢铁需求的提升。

从国际环境看，受世界经济复苏步伐缓慢、全球政治经济格局动荡影响，国际市场需求不足，我国钢铁产品出口承受较大压力，部分钢铁产品出口下降明显。与此同时，受发达国家制造业回归，以及亚洲部分发展中国家依靠劳动力低成本优势抢占市场的影响，加之我国钢铁产品价格比较优势逐渐减弱，导致钢铁出口大幅回落。

3. 产能过剩依然严峻

近年来我国钢铁产能利用率持续下降，目前已降至 70% 左右，远低于合理水平。部分企业为保持现金流和市场份额，过度进行低价竞争，甚至低于成本价倾销。有的企业生产经营中采购销售不开发票偷税漏税；有的企业假冒优质企业产品，无证生产销售，低价争抢市场；有的企业环保设施投入不足，偷排漏排，扰乱市场秩序。

4. 企业退出渠道不畅导致"僵尸企业"大幅增加

2015 年协会统计的重点大中型企业平均负债率超过 70%。部分企业已资不抵债，处于停产半停产状态，但由于资产庞大、就业人员多、社会影响范围广，企业资产处置、债务处理困难，一次性关停难度大，退出渠道不畅，仅能依靠银行贷款维持生产，最终沦为"僵尸企业"，占用了大量社会资源，拖累整个行业转型升级。

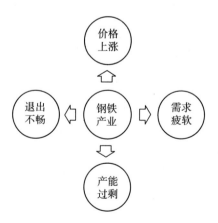

图 13　钢铁产业面临的整体格局

随着2016年上半年钢铁价格的上涨，带来钢铁产业的整体回暖。但在经济新常态下，受国内市场疲软、国际市场低迷、钢铁产业产能过剩、企业退出渠道不畅、融资贵等多种因素的叠加作用，钢铁行业景气度回暖有限，钢铁行业多年高速发展累积的问题和矛盾依然突出。

三、行业前瞻与对策建议

（一）钢铁行业景气指数预测

2016年第三、第四季度中经钢铁产业景气指数预计为95.6、95.8，预警指数为80.0、83.3。这表明，在整体需求不足的格局下，钢铁行业景气呈震荡波动态势。

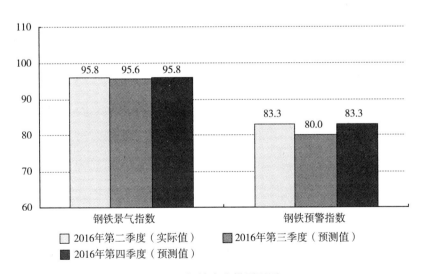

图14 钢铁产业模型预测

从企业景气调查结果会进一步佐证未来两个季度钢铁行业景气震荡波动的态势。2016年第二季度反映企业经营状况的即期指数为94.4，比第一季度上升10.1点；反映企业家对第三季度企业经营状况预测的预期指数为91.9，比即期指数低2.5点，比第一季度的预期指数低1.0点。第二季度，接受调查的钢铁行业企业中，订货"正常"及"高于正常"的企业占72.2%，比第一季度上升3.3个百分点；用工计划"增加"比"减少"的企业比重低6.8个百分点，两者"剪刀差"比第一季度收窄0.2个百分点，企业用工意愿基本维持稳定；企业税费负担上升的企业比下降的企业多5.9个百分点；资金周转方面，第二季度企业资金紧张的企业比充裕的企业多33.6个百分点。

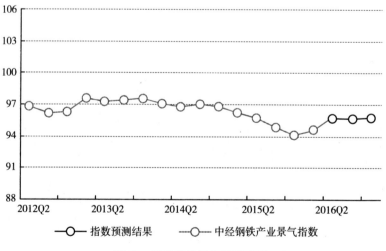

图15 钢铁产业景气指数预测

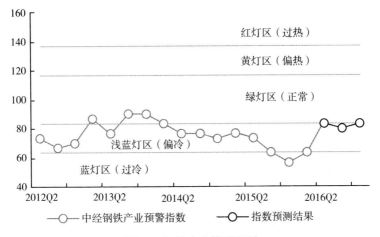

图 16 钢铁产业模型预测

（二）2016 年下半年行业前景展望

对 2016 年第三、第四季度钢铁行业运行走势的判断，主要考虑以下因素：

1. 钢材价格出现上涨

此轮全国钢材价格上涨，主要动力来自前期的低位反弹。因为前段时期钢材及黑色系列商品价格连续数年大幅走低，致使相关企业利润急剧萎缩，甚至严重亏损，被迫压缩产量，市场供求关系重现平衡，从而产生价格反弹客观要求。因此，总体来看，2016 年上半年全国钢材价格上涨属于合理回归。另外，投机资本亦利用价格回归推波助澜，搅起一些投机泡沫。比如螺纹钢期货交易创出天量，一天成交量相当于全国一年的螺纹钢产量。由于投机资本力量强大，双向推波助澜。与此同时，现货市场交易商快进快出操作，以及社会库存偏低，蓄水池缓冲作用薄弱，使得钢材价格震荡加剧，多次出现"过山车"行情。

2. 国内钢铁行业需求下滑可能仍然存在

钢铁行业目前明显已经到达增长大周期的末期，该增长周期的基础是中国经济的快速发展。随着中国经济步入新常态，经济增速不断放缓。同时，我们还面临着投资降低、金融市场动荡以及许多发展中地区出现的地缘政治冲突。钢铁行业目前正在经历一个低速增长期，在其他具备足够规模和影响力的发展中地区进入新一轮增长大周期之前，这个低速增长期将一直持续。中国需求持续下行、对投资和房地产行业的调控措施证明比预期更为严厉。因此，建筑业和制造业的活跃度也大幅降低。2016年下半年钢铁供求关系的核心驱动因素仍然是需求的下滑，一方面内需增速持续负增长，特别是二、三线房地产市场仍然有很大库存；另一方面出口虽然保持了快速的增长，但出口总量只占钢铁产量的5%左右，难以扭转内需的回落。东南亚新兴市场国家是出口增长的主要来源，这些国家对钢材需求的增长潜力大，但其自身的产能规模有限。

3. 产能依然过剩，去产能必将有利于行业长期发展

国内钢铁行业仍然产能过剩。中国GDP增速进一步放缓，传统经济动力整体表现不佳。钢铁产能过剩不仅仅是钢铁行业本身的问题，也是中国当前面临的一个复杂的社会问题。根据国发〔2013〕41号文的规划，2013~2017年计划淘汰产能目标为8000万吨，其中前两年受到政策推动已完成淘汰3700万吨，但以"僵尸"产能为主（已经长期停产的生产线）。根据中央工作会议，"去库存、去产能、去杠杆、降成本、补短板"是2016年中央政府经济工作的重点。"去产能"是钢铁产业的主旋律。

在内需减弱的同时，钢材价格也经历过久跌大涨，但整体来看，受长期低利润运行的影响，部分国企其实已经到了"山穷水尽"的地步，有些甚至就是靠国家补贴来维持，自身已无创造价值的能力，

但仍在等待政府的"补救"。从长远来看，去库存、去产能必将有利于整个行业的长期发展。钢铁行业是供给侧改革中的重要一环，随着配套政策逐步落地，过剩产能有望加速"出清"。

4. 钢材出口压力仍然存在

金融危机后世界经济弱复苏格局仍未改变，国际贸易和大宗商品价格持续低迷，钢材出口需求出现持续回升的可能性不大。与此同时，受欧洲、美国和韩国等国家和地区频繁发起反倾销调查的影响，我国钢材出口正面临越来越多的贸易摩擦，出口压力越来越大，短期出口恐难以有突破。

（三）行业发展对策建议

基于国内外宏观经济发展和钢铁行业的运行环境，推动钢铁行业发展和摆脱困境应着重做好以下几个方面的工作：

一是降低去产能过程中的损失。要把过剩的产能损失减小到最低需要多方发力、多措并举。供给侧改革的主要意义在于减少行政干预、利用市场化手段加速亏损钢铁产能的淘汰和加快亏损钢铁企业的破产进程等，提高钢铁行业的有效供给和提升供给效率。首先，加快淘汰落后产能步伐，通过产业标准、水电价格、环保门槛、税收等一系列手段，减少落后的产能存量，并避免落后产能通过简单扩容来逃避淘汰。其次，增加兼并重组力度，提高产业集中度，科学确定新增产能上马。稳步压缩过剩产能本身并没有问题，但是一定要避免"一刀切"式的政策导致行业"休克"式停摆，例如，银行贷款应该分类放贷，对确属落后、竞争力不强的企业可以提高风险警示，但对于属于先进水平、市场出路较好的生产企业应该保证贷款。

二是加快"僵尸企业"退出并优化产业布局。着力加快"僵尸企业"退出步伐，提升钢铁产业整体效益。同时，去产能要有针对性、有目的性地进行。坚持将去产能与优布局相结合，通过整合重组、优化布局、境外转移，解决钢铁产业集中度低、区域布局不合理问题。

三是企业加快转型升级。在企业转型方面，一方面，鼓励企业加大科技研发投入，加大技术装备开发投入，一般装备基本实现本地化、自主化，推动钢铁工艺装备技术升级、产品质量上档次、节能环保上水平，努力实现钢铁产品细分化、精品化、高端化，争取更多钢铁企业纳入国家级高新技术企业目录；另一方面，培育壮大建筑用钢结构、金属制品等耗钢产业，积极发展钢材加工配送等非钢产业。

四是加快钢铁行业兼并重组。未来五年，"通过兼并重组，改善产业组织结构"仍是钢铁行业提升、发展的基本路径。在当前背景下应当加快重组步伐，重组工作完成越早，越有利于争取良好的国际竞争环境，提高行业的可持续发展能力。

五是开拓钢铁行业新市场。紧密结合国家"一带一路"战略，秉承共商、共享和共建原则，通过政策沟通、设施联通、贸易畅通、资金融通、民心相通，开拓这些国家的市场，从而在更广阔的市场中消化产能。这不但可以消化这些产能，还可以争取行业转型升级的时间。

执笔人：胡安俊

中经产业景气指数有色金属行业 2016 年上半年分析

一、2016 年上半年有色金属行业运行情况①

（一）2016 年上半年有色金属行业景气状况

1. 景气指数探底回升

2016 年上半年有色金属行业整体处于较低水平，第二季度出现了明显回升迹象。经过初步季节调整，第一季度中经有色金属产业②景气指数仅为 96.0③④，比 2015 年第四季度下降 0.3 点，比 2015 年

---

① 本部分的数据分析主要基于中经产业指数 2016 年第一至第二季度报告。

② 有色金属产业包括有色金属矿采选业和有色金属冶炼及压延加工业两个大类行业。

③ 根据景气预警指数体系运算方法，行业景气指数、行业预警指数及预警灯号的构成指标要经过季节调整，剔除季节因素对数据的影响，在对包含当期数据的时间序列进行季节调整时，历史数据的季节调整结果也将发生变化，因此行业景气指数、预警指数及预警灯号发布当期数据时，前期数据也会进行调整。

④ 2003 年有色金属产业的预警灯号基本上在"绿灯区"，相对平稳，因此定为有色金属产业景气指数的基年。

第一季度更是下降了1.5点，为2012年以来的最低水平；第二季度中经有色金属产业景气指数"触底反弹"，达到96.9，环比上涨0.9点，虽然仍处于较低水平，但扭转了2014年以来持续下降的局面，与2015年第二季度基本持平。剔除随机因素①后，2016年第二季度景气指数仅比第一季度提高0.2点，由此可见，政策因素在本次反弹中发挥了较大作用。

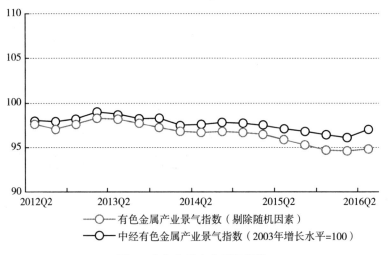

图1　有色金属产业景气指数

2. 预警指数继续处于偏冷区域

2016年上半年，中经有色金属预警指数均为70，仍处于偏冷的"浅蓝灯区"。构成中经有色金属产业预警指数的10个指标（仅剔除季节因素②，保留随机因素），10种有色金属产品产量进一步恶化，由2013年以来的"浅蓝灯区"变为过冷的"蓝灯区"；而有色金属

_____

①　随机因素亦称不规则性，如新政策实施、宏观调控、自然灾害等因素对数据的影响。

②　季节因素是指四季更迭对数据的影响，如冷饮的市场销量随四季气温年复一年发生周期变动。

产成品资金（逆转①）则由 2015 年的正常水平变为偏热的"黄灯区"。同 2016 年两个季度相比，有色金属行业销售利润率和从业人数出现了反转，销售利润率由第一季度偏冷的"浅蓝灯区"变为正常的"绿灯区"，而从业人数则由正常的"绿灯区"变为偏冷的"浅蓝灯区"。

指标名称	2013年		2014年				2015年				2016年	
	3	4	1	2	3	4	1	2	3	4	1	2
10种有色金属产品产量	蓝	蓝	蓝	蓝	蓝	蓝	蓝	蓝	蓝	蓝	蓝	蓝
有色金属行业出口交货值	蓝	蓝	蓝	蓝	蓝	蓝	蓝	蓝	蓝	蓝	蓝	蓝
有色金融行业利润合成指数	蓝	蓝	蓝	蓝	蓝	蓝	蓝	蓝	蓝	蓝	蓝	蓝
有色金属行业销售利润率	蓝	绿	绿	绿	绿	绿	绿	绿	绿	蓝	蓝	绿
有色金属行业主营业务收入	绿	绿	蓝	绿	绿	绿	蓝	蓝	蓝	蓝	蓝	蓝
有色金属行业从业人数	绿	绿	绿	绿	绿	绿	绿	绿	绿	绿	绿	蓝
有色金属行业固定资产投资总额	蓝	蓝	蓝	蓝	蓝	蓝	蓝	蓝	蓝	蓝	蓝	蓝
有色金属行业生产者出厂价格指数	蓝	蓝	蓝	蓝	蓝	蓝	蓝	蓝	蓝	蓝	蓝	蓝
有色金属行业产成品资金（逆转）	绿	黄	绿	绿	绿	绿	绿	绿	绿	绿	黄	黄
有色金属行业应收账款（逆转）	绿	绿	绿	绿	绿	绿	绿	黄	黄	黄	黄	黄
预警指数	蓝	蓝	蓝	蓝	蓝	蓝	蓝	蓝	蓝	蓝	蓝	蓝
	73	80	73	70	73	77	70	67	70	67	70	70

图 2　有色金属行业预警指数指标

★灯号图说明：预警灯号图采用交通信号灯的方式对描述行业发展状况的一些重要指标所处的状态进行划分：红灯表示过快（过热），黄灯表示偏快（偏热），绿灯表示正常（稳定），浅蓝灯表示偏慢（偏冷），蓝灯表示过慢（过冷）；并对单个指标灯号赋予不同的分值，将其汇总而成的综合预警指数也同样由 5 个灯区显示，意义同上。

---

① 逆转指标也称反向指标，其指标值越低，行业状况越好，反之则相反。

（二）2016 年上半年有色金属行业生产经营状况

1. 主要产品产量呈现"止跌回升"迹象

经初步季节调整①②，2016 年第一季度 10 种有色金属产量为 1104.6 万吨，2012 年以来首次出现同比下降，较 2015 年同期下降 4.3%，产量为 2014 年第二季度以来的最低水平；2016 年第二季度 10 种有色金属产量则出现了明显反弹，达到 1340.2 万吨，比第一季度增加 235.6 万吨，同比增长 3.0%，同比增速虽处于较低水平，但却达到了 2012 年以来单季产量的最高水平。同时，第二季度反弹也具有明显的结构性，铜产量增速有所上升，电解铝、铅产量降幅收窄，锌产量由降转增，氧化铝产量由增转降。

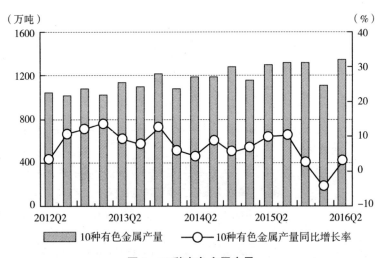

图 3　10 种有色金属产量

---

① 初步季节调整指原始数据仅剔除春节等节假日因素的影响，未剔除不规则要素的影响。

② 季度说明：本报告所有财务绩效数据第二季度是指 4~5 月的数据（流量指标加上了近似 2016 年 3 月的数据，并作了初步季节调整，仅剔除了节假日因素的影响）；上年第三季度是指 6~8 月；第四季度是指 9~11 月；第一季度是指 12~2 月。其他宏观指标如产量、投资、外贸、价格指数，如无特别说明，季度划分同上所述。

2. 生产者出厂价格同比跌幅持续收窄

2016年上半年，有色金属行业市场状况仍不容乐观，生产者出厂价格继续同比大幅下降。经初步季节调整，第一季度有色金属行业生产者出厂价格同比下降10.4%，降幅比2015年第四季度下降2.8个百分点；第二季度有色金属行业生产者出厂价格同比下降8.9%，降幅继续收窄1.5个百分点，同时价格出现了环比上涨的态势，有色金属冶炼及压延加工业4~6月出厂价格环比持续上涨，涨幅分别为1.0%、1.0%、0.9%；有色金属矿采选业出厂价格4~5月环比分别上涨1.2%、1.7%，6月略微下跌0.2个百分点。

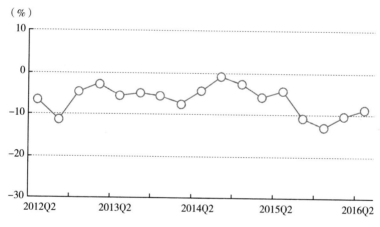

图4 有色金属行业生产者出厂价格同比变动

3. 主营业务收入和出口同比均实现由降转增

2014年下半年以来，有色金属行业主营业务收入同比整体呈现下降趋势，2015年第四季度出现了首次单季负增长，同比下降2.4%。2016年第一季度有色金属行业主营业务收入同比继续下降，但降幅有所减少，经初步季节调整，第一季度有色金属行业主营业务

收入为 13298.7 亿元，同比下降 0.86%，降幅比上一季度减少 1.5
个百分点；第二季度行业收入则重新实现了同比增长，有色金属行业
主营业务收入为 14778.3 亿元，同比增长达到 4.4%，为 2015 年以
来单季同比增长最大幅度。

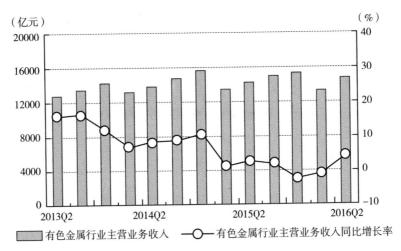

图 5　有色金属行业主营业务收入

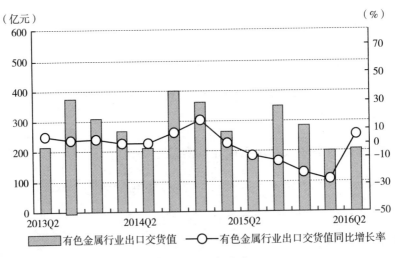

图 6　有色金属行业出口

经初步季节调整，2016 年第一季度有色金属行业出口交货值为 198.7 亿元，继续大幅下降，同比降幅高达 25.7%，降幅比 2015 年第四季度扩大 4.4 个百分点，成为 2013 年以来的单季最大同比跌幅；第二季度有色金属行业出口出现了逆转，出口交货值为 207.4 亿美元，在连续 5 个季度出口同比下降情况下首次出现了同比增长，增幅达到 5.8%。

4. 行业盈利能力有所好转

在价格、成本等因素的共同作用下，有色金属行业利润增长和利润率均出现好转迹象。经初步季节调整，2016 年第一季度有色金属行业利润总额为 324.7 亿元，同比下降 12.4%，虽然仍大幅下降，但降幅比上一季度减少 7.9 个百分点；第二季度有色金属行业利润总额为 505.2 亿元，实现了同比增长 18.7%，这一方面是由于 2015 年第二季度利润总额较低的"基数效应"，另一方面也反映了行业整体状况的改善。就内部结构而言，第二季度有色金属行业利润总额增长主要体现在冶炼环节，冶炼及压延加工业利润同比增长 25.1%，而上游采矿业本季度利润总额与上年同期基本持平。

与利润总额变化相一致，有色金属行业利润率也有所提升。经初步季节调整，2016 年第一季度有色金属行业利润率为 2.4%，呈现继续下降趋势，分别较 2015 年第一季度和第四季度下降 0.3 个和 1.2 个百分点；2016 年第一季度有色金属行业利润率达到 3.4%，环比提高 1 个百分点，比 2015 年同期也提高了 0.4 个百分点。分行业来看，上游采矿业销售利润率为 6.8%，冶炼及压延加工业销售利润率为 2.7%。

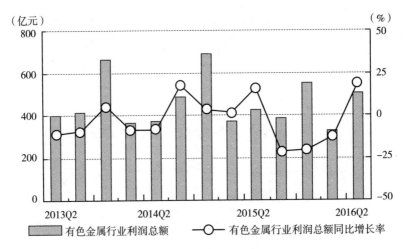

图7　有色金属行业利润总额（一）

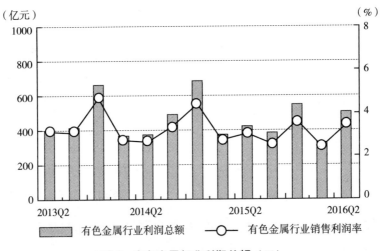

图8　有色金属行业利润总额（二）

5. 去库存进程加快

2016年上半年，有色金属行业去库存效果比较明显。经初步季节调整，2016年第一、第二季度有色金属行业产成品资金分别为17818.9万元和17683.9万元，2012年以来首次出现连续两个季度同比下降，分别同比下降3.2%和6.3%。2016年第一、第二季度，有色金属行业产成品资金增速均低于销售收入增速，且增速差扩大了 8.4 个百分点，去库存进程加快。

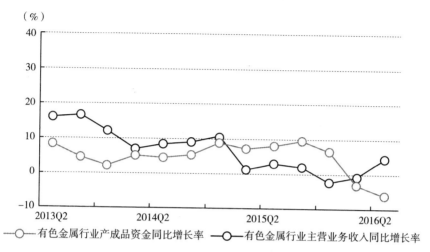

（%）

图9 有色金属行业去库存

6. 应收账款整体保持平稳

经初步季节调整，2016 年第一、第二季度有色金属行业应收账款总额分别为 2885.8 亿元、3016.7 亿元，同比增长 2.4% 和 2.7%，增速较 2015 年同期明显下降，但比 2015 年第四季度略有增长。从应收账款周转天数①来看，第一季度为 20 天，达到了近年来的最高水平，但第二季度又下降到 18 天，而且比上年同期减少 0.3 天，应收账款整体仍属于正常水平。

7. 有色金属行业投资同比出现了小幅增长

2015 年以来，有色金属行业固定资产投资整体处于较低水平，2015 年第四季度有色金属行业投资总额同比下降 11.7%，为近年来

---

① 应收账款周转天数：表示应收账款从发生到收回（周转一次）的平均天数。一般来说，应收账款周转天数越短，则资金利用效率越高，反之则越低。计算公式为：90/（季度销售收入/平均应收账款）。

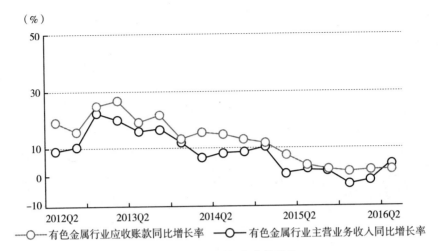

图 10　有色金属行业应收账款

的最大单季降幅。2016年上半年，有色金属行业固定资产投资同比由降转增。经初步季节调整，2016年第一季度，有色金属行业固定资产投资为642.3亿元，同比继续下降7.3%，而第二季度有色金属行业固定资产投资达到2095.5亿元，实现同比增长2.6%。综合来看，基数效应是有色金属行业固定资产投资第二季度同比增长的重要原因，同时，行业整体状况的改善也起到了积极作用。

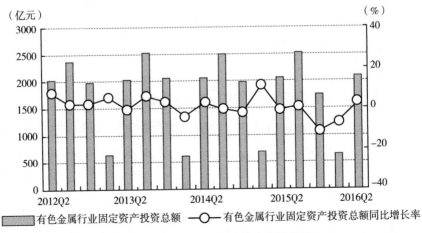

图 11　有色金属行业固定资产投资总额

8. 从业人数基本保持稳定

2013年以来，有色金属行业从业人数增幅出现了持续下降趋势，2015年第四季度行业用工人数同比下降0.2%。2016年上半年，有色金属行业从业人数相当稳定，经初步季节调整，第一季度和第二季度有色金属行业从业人数分别为234.4万人和235.9万人，分别同比下降0.019%和0.021%。由此可见，2016年上半年无论是同比还是环比，有色金属行业用工人数变化幅度均相当小。

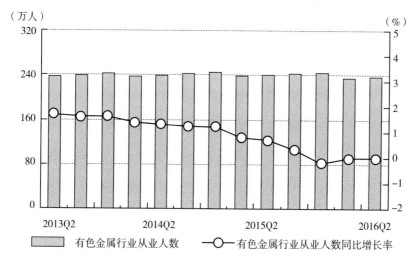

图12 有色金属行业从业人数

二、2016年上半年有色金属行业运行分析

（一）有色金属行业总体运行情况

2016年上半年，有色金属行业整体状况略有改善。无论是主要产品产量，还是主营业务收入、出口交货值、利润总额均呈现出"由降转增"的趋势，第二季度主营业务收入和利润总额分别同比增

长了 4.4%和 18.7%，有色金属行业固定资产投资也出现了 2.6%的小幅增长。多项指标"由降转增"固然有 2015 年整体水平较低的"基数效应"，但也在一定程度上反映出行业运行情况的特点。

另外，目前有色金属行业仍处于调整阶段，行业运行形势依然复杂严峻。中经有色金属产业景气指数还处于较低水平，而中经有色金属产业预警指数与 2015 年基本持平，继续在偏冷的"浅蓝灯区"，其中，有色金属行业 10 种有色金属产品产量、出口交货值、主营业务收入以及固定资产投资总额等指标均位于过冷的"蓝灯区"，有色金属行业整体发展环境没有得到根本性的改变，行业发展面临多方面的挑战，产业调整升级还需要较长的过程。

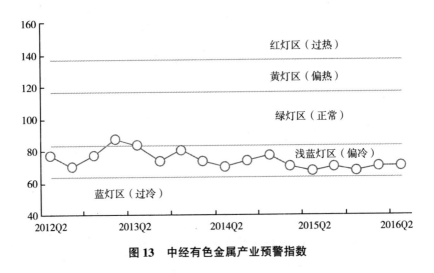

图 13　中经有色金属产业预警指数

（二）有色金属行业运行特点及原因分析

1. 有色金属行业市场状况有所好转

2015 年以来，在降息、降低首付比例、公积金政策调整等政策的作用下，房地产市场出现回暖迹象。2016 年上半年，全国房地产开发投资 4.66 万亿元，同比名义增长 6.1%，比上年同期提高 1.5 个百分点；商品房销售面积 6.43 亿平方米，同比增长 27.9%，增速比上年同期提高 20 个百分点。同时，汽车需求快速增长。中国汽车工业协会数据显示，2016 年上半年，汽车产销分别为 1289.22 万辆和 1282.98 万辆，同比增长 6.47% 和 8.14%，增幅较上年同期提高 3.83 个和 6.71 个百分点；新能源汽车生产 17.7 万辆，销售 17.0 万辆，同比增长 125.0% 和 126.9%。在房地产和汽车行业的影响下，有色金属市场需求出现了小幅反弹，据上海有色金属协会资料显示，上半年上海期货交易所铜、铝、铅、锌、锡、镍主力合约价格分别上涨 3.79%、14.21%、3.61%、21.8%、17.98% 和 4.58%。国际市场也出现好转迹象，2016 年 6 月 30 日 LME 市场铜、锡、铅、锌、铝、镍现货结算价分别为 4780 美元/吨、17050 美元/吨、1734 美元/吨、2059 美元/吨、1614 美元/吨、9280 美元/吨，分别比 2016 年 1 月 1 日提高 1.66%、16.78%、-3.77%、28.69%、7.06% 和 7.10%。另外，也应该看到，有色金属行业市场需求基础依然薄弱，行业发展仍面临较多困难。

2. 有色金属行业生产相对平稳

有色金属工业协会数据显示，2016 年上半年 10 种有色金属产量为 2511.71 万吨，同比增长 0.14%，实现了由第一季度下降 0.4% 转为增长。其中，精炼铜产量 402.76 万吨，同比增长 7.6%，增幅比第一季度减少 0.9 个百分点；原铝产量 1531.98 万吨，同比下降 1.93%，降幅与第一季度持平；铅产量 197.1 万吨，同比增长 2.77%；锌产量 302.60 万吨，同比下降 0.91%，降幅与第一季度持平。尽管实现了由降转增，但有色金属行业生产增速依然处于较低水平，与 2015 年 10 种有色金属产量同比增长 6.8% 的水平相比，仍存在较大差距。

3. 有色金属企业经济效益有所改善

工信部相关数据显示，2016 年上半年，规模以上有色金属企业工业增加值同比增长 9.2%，在 12 个工业行业中位居第二，高于规模以上工业增加值增速 3.2 个百分点。2016 年 1~6 月，在规模以上工业中，有色金属矿采选业主营业务收入为 2932.7 亿元，同比增长 2.8%，利润总额 200.9 亿元，同比下降 2.5%；有色金属冶炼及压延加工业主营业务收入达到 24552.1 亿元，同比增长 3.0%，利润总额达到 679.6 亿元，同比增长 16.8%，增幅超过规模以上工业 10.6 个百分点。有色金属行业利润增加的原因是多方面的，既包含由于前期较低所形成的"基数效应"，又受价格上升和成本下降等因素的影响。卓创监测数据显示，2016 年 6 月电解铝企业算数平均生产成本 11429.04 元/吨，环比下降 198.2 元/吨，行业平均盈利 1218.96 元/吨；加权平均生产成本 10813.43 元/吨，环比下降 135.06 元/吨，行业平均盈利 1834.57 元/吨；与之相对，2015 年底国内电解铝行业平均亏损 208.3 元/吨。

4. 有色金属行业技术创新稳步推进

2015 年底，工信部发布了《产业关键共性发展指南（2015）》，指导重点行业和重点领域的技术创新。其中，有色金属行业优先发展的关键共性技术 14 项，与有色金属行业相关的节能环保和资源综合利用关键共性技术 13 项。在相关政策的推动下，有色金属企业积极开展技术创新。中国恩菲工程技术有限公司自主研发的"低成本沉淀及高效分离技术"获得成功，该项技术具有广阔的应用前景，推广应用将对行业产生深刻影响；云南铝业股份有限公司通过技术创新，吨铝综合交流电耗接近 13000 千瓦时，比行业平均水平低约 500 千瓦时，成为中国铝行业节能环保领先的标杆企业；中电投宁夏青铜峡能源铝业集团有限公司的"铝电解生产智能系统及其推广运用"项目解决了一直困扰铝电解生产的若干关键难题，推进了我国铝电解生产企业实现节能降耗。通过技术创新，有色金属行业节能减排成效显著，2016 年上半年规模以上有色金属工业能耗同比仅增长 1%，为我国节能目标实现做出重要贡献。

三、行业前瞻与对策建议

（一）有色金属行业景气指数预测

虽然行业出现反弹迹象，企业信心有所恢复，但有色金属行业发展环境并未根本性转变，行业形势仍不容乐观。2016 年第二季度有色金属行业企业景气调查结果显示，反映企业家对 2016 年第三季度企业经营状况预测的预期指数为 101.8，比上季度上升 2.9 点，比反映本季度企业经营状况判断的即期指数高 1.7 点。分指标来看，预计第三季度有色金属行业订货"增加"及"持平"的企业占 78%，比上季度上升 2.9 个百分点；用工计划"增加"及"持平"的企业占 89.4%，比上季度上升 3.1 个百分点；投资计划"增加"及"持平"的企业占 76.0%，比上季度上升 2.9 个百分点。

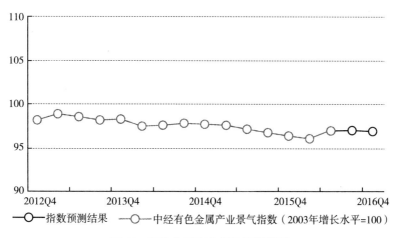

图 14　有色金属产业景气指数预测

综合上述因素，2016年下半年有色金属行业将呈现平稳态势。经模型测算，2016年第三季度与第四季度中经有色金属产业景气指数分别为96.9、96.7，预警指数分别为70、70，继续处于"浅蓝灯区"，行业发展维持平稳。

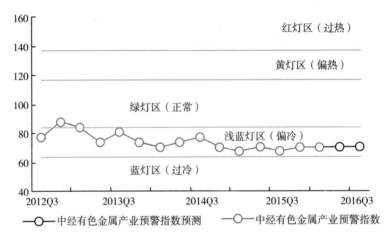

图15　有色金属产业预警指数预测

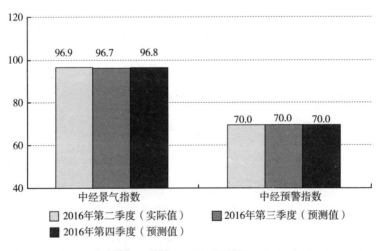

图16　有色金属产业模型预测

（二）2016年下半年有色金属行业前景展望

2015年，全球经济呈现缓慢复苏，但经济增长的动力依然不足。目前，国际经济形势更加复杂，英国"脱欧"的影响还没有充分显现，贸易保护主义有所抬头，地缘政治问题相当突出，世界经济不确定因素较多，世界银行、国际货币基金组织均下调了增长预期，国际大宗产品贸易很难进一步回暖。国内整体仍处于动力转换的阵痛期，结构性问题依然较为突出，传统动力逐渐减弱，新动能还不能发挥主导作用，经济继续面临下行压力。中国社科院经济学部《2016年中国经济前景分析（春季号）》预计2016年工业增长率为5.5%，低于上年5.9%的增长水平。房地产市场虽有所恢复，但"去库存"仍为政策重点，2016年上半年，全国房地产开发投资同比名义增长6.1%（扣除价格因素实际增长8.0%），增速比第一季度回落0.1个百分点；有色金属冶炼及压延加工业固定资产投资同比下降5.7%。

结构调整依然是2016年下半年有色金属行业发展的关键词。在经济效益出现好转迹象的同时，行业开工率有所回升，行业转型升级面临压力。2016年6月，国务院办公厅印发了《关于营造良好市场环境促进有色金属工业调结构促转型增效益的指导意见》，进一步强调"优化存量、引导增量、主动减量，化解结构性过剩产能"，强化用电、土地、财税、金融和人员安置等政策对有色金属行业供给侧结构性改革的引导作用，全面推动行业转型升级。

（三）行业发展的对策建议

进一步降低企业成本，释放企业活力。结构性产能过剩是现阶段有色金属行业最主要的问题，积极推进供给侧结构性改革，化解结构性矛盾是未来一段时期有色金属行业发展的主线。要充分认识结构调整的艰巨性和困难性，加强管理创新和制度创新，完善资源、能源、财税、监管政策，在发挥市场在结构调整中作用的同时，进一步降低企业生产经营成本，改善企业经营效益，为行业结构调整营造更加宽松的环境。

继续大力推进行业技术创新。技术创新是结构升级的根本动力，将技术创新作为引导有色金属行业转型升级的核心，以"中国制造2025"为契机，重点支持影响行业发展重大共性技术、关键技术、节能环保技术的研发，加大对企业技术创新政策支持，重视应用性人才培养，全面提升有色金属行业技术创新基础。积极推动智能制造，以"互联网+"为基础，探索和支持新业态、新模式的发展，推动产业融合，为新一轮产业革命开辟道路。

加强国际合作，拓展行业发展空间。充分利用"一带一路"的发展机遇，鼓励和支持具有较高技术水平的有色金属企业实施"走出去"战略，开展多种形式的国际合作，探寻国际合作的新模式，提高有色金属行业国际化程度，坚持技术先进性和生产的高标准，在树立良好的国际产业形象的同时，拓展有色金属行业发展空间。

执笔人：吴滨

中经产业指数化工行业
2016 年上半年分析

一、2016 年第一、第二季度化工行业运行状况[①]

(一)化工行业景气状况

1. 景气指数略有回升

2016 年第一、第二季度,中经化工产业[②]景气指数分别为 96.8 和 97.4[③](2003 年增长水平＝100[④]),第二季度比第一季度上升 0.6 点。第一季度指数比 2015 年同期水平低 1.5 点,第二季度低于 2015 年同期 0.8 点。

---

① 本部分的数据分析主要基于中经产业指数 2016 年第一至第二季度报告。

② 化工产业是指国民经济行业分类中代码 26 的化学原料及化学制品制造业大类。

③ 根据景气预警指数体系运算方法,行业景气指数、行业预警指数的构成指标要经过季节调整,剔除季节因素对数据的影响,因此行业景气指数、预警指数发布当期数据时,前期数据也会进行调整。

④ 2003 年化工行业的预警灯号基本上在"绿灯区",相对平稳,因此定为中经化工产业景气指数的基年。

在构成中经化工产业景气指数的 6 个指标中（仅剔除季节因素①，保留随机因素②），2016 年第一、第二季度，销售收入同比增速上升，利润增速先回升又下降，进出口和从业人数降幅收窄，税金接近零增长，投资降幅有所扩大。

2016 年第一季度的主营业务收入、固定资产投资、出口额、从业人数和税金总额同比增长率均小于 2015 年同期水平，利润总额同比增长率高于 2015 年同期水平；2016 年第二季度的主营业务收入同比增长率高于 2015 年同期水平，固定资产投资、出口额、从业人数和利润的同比增长率均低于 2015 年同期水平。2015 年的主营业务收入、固定资产投资、从业人数和税金总额同比增速均小于"十二五"期间其他年份的同期水平，是"十二五"期间水平最低的年度，是"十二五"期间最不景气的一年。2016 年作为"十三五"的开局之年，在"创新、协调、绿色、开放、共享"五大发展理念的带动下，随着供给侧改革的深入，化工行业出现好转的迹象。

进一步剔除随机因素后，2016 年中经化工产业景气指数分别为 96.7 和 96.3，延续 2015 年度下降态势，但下降的速度放缓，第二季度低于第一季度 0.4 点，分别低于未剔除随机因素的景气指数 0.2 点和 1.1 点，两者之间的差距在扩大。

2016 年第一、第二季度与 2015 年第一、第二季度相比，剔除随机因素的景气指数波动更大。2015 年第一、第二季度的指数从 97.5 降到 97.3，降低 0.2 点，2016 年第一、第二季度的指数从 96.7 降到 96.3，降低 0.4 点，降幅大于 2015 年度。从年度来看，2015 年

---

① 季节因素是指四季更迭对数据的影响，如冷饮的市场销量随四季气温年复一年发生周期变动。

② 随机因素亦称不规则性，如新政策实施、宏观调控、自然灾害等因素对数据的影响。

是"十二五"期间剔除随机因素的景气指数最小的一年，也是更为平和的一年。2016年作为"十三五"的开局之年，延续了2015年的下降态势，且下降态势有扩大的趋势。

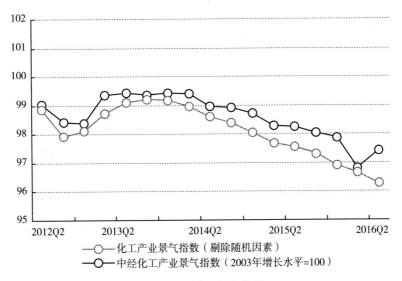

图1　化工产业景气指数

2. 预警指数继续在"浅蓝灯区"上临界线附近运行

2016年第一、第二季度，中经化工产业预警指数分别为77和80，继续在偏冷的"浅蓝灯区"上临界线附近运行。2015年第一、第二季度的预警指数分别是77和73，2016年第二季度的预警指数高于2015年同期水平7点。

在构成中经化工产业预警指数的10个指标中，2016年第一、第二季度位于"绿灯区"的有3个指标——利润合成指数、销售利润率和从业人数；位于"蓝灯区"的有4个指标——生产合成指数、主营业务收入、产品出口额和固定资产投资；位于"浅蓝灯区"的有1个指标——生产者出厂价格指数；位于偏热的"黄灯区"的有1

个指标——应收账款（逆转）；产成品资金（逆转①）从第一季度偏热的"黄灯区"进入第二季度过热的"红灯区"。综合各项指标灯号，2016年第一、第二季度中经化工产业预警灯号位于"浅蓝灯区"。

2016年第一季度与2015年第四季度相比，有1个指标的灯号发生变化——产品出口额从"浅蓝灯"下降为"蓝灯"；其余9个指标的灯号没有变化。2016年第一季度与2015年第一季度相比，3个指标的灯号发生变化——产品出口额从"绿灯"下降为"蓝灯"；产成品资金（逆转）和应收账款（逆转）从"绿灯区"进入偏热的"黄灯区"；其余7个指标的灯号没有变化。2016年第二季度与2015年第二季度相比，3个指标的灯号发生变化——产品出口额从"浅蓝灯区"下降为"蓝灯"；产成品资金（逆转）从"绿灯区"进入过热的"红灯区"，应收账款（逆转）从"绿灯区"进入偏热的"黄灯区"；其余7个指标的灯号没有变化。

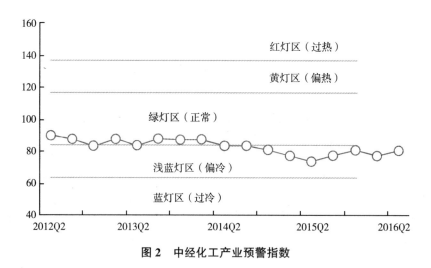

图2　中经化工产业预警指数

---

① 逆转指标也称反向指标，对行业运行状况有反向作用。其指标量值越低，行业状况越好，反之则相反。

指标名称	2013年		2014年				2015年				2016年	
	3	4	1	2	3	4	1	2	3	4	1	2
化工产业生产合成指数	蓝	蓝	蓝	蓝	蓝	蓝	蓝	蓝	蓝	蓝	蓝	蓝
化工产业主营业务收入	绿	绿	蓝	蓝	蓝	蓝	蓝	蓝	蓝	蓝	蓝	蓝
化工产业利润合成指数	绿	绿	绿	绿	绿	绿	绿	绿	绿	绿	绿	绿
化工产业销售利润率	绿	绿	绿	绿	绿	绿	绿	绿	绿	绿	绿	绿
化工产业从业人数	绿	绿	绿	绿	绿	绿	绿	绿	绿	绿	绿	绿
化工产业固定资产投资总额	蓝	蓝	蓝	蓝	蓝	蓝	蓝	蓝	蓝	蓝	蓝	蓝
化工产业生产者出厂价格指数	绿	绿	绿	绿	绿	绿	绿	绿	绿	绿	蓝	蓝
化学工业产品出口额	蓝	蓝	蓝	蓝	蓝	蓝	蓝	蓝	蓝	蓝	蓝	蓝
化工产业产成品资金（逆转）	绿	绿	绿	绿	绿	绿	绿	绿	黄	黄	黄	红
化工产业应收账款（逆转）	绿	绿	绿	绿	绿	绿	绿	黄	黄	黄	黄	黄
预警指数	绿	绿	绿	绿	蓝	蓝	蓝	蓝	蓝	蓝	蓝	蓝
	87	87	87	83	83	80	77	73	77	80	77	80

图 3　化工产业预警指数指标

★灯号图说明：预警灯号图采用交通信号灯的方式对描述行业发展状况的一些重要指标所处的状态进行划分：红灯表示过快（过热），黄灯表示偏快（偏热），绿灯表示正常（稳定），浅蓝灯表示偏慢（偏冷），蓝灯表示过慢（过冷）；并对单个指标灯号赋予不同的分值，将其汇总而成的综合预警指数也同样由 5 个灯区显示，意义同上。

（二）化工行业生产经营状况

1. 生产稳定缓慢回升

2016 年第一、第二季度化工产业生产合成指数分别为 97 和 97.8（2003 年增长水平＝100），虽然第一季度低于 2015 年同期水平，但 2016 年第二季度比第一季度提高 0.8 点，与 2015 年第二季度持平。生产有缓慢回升的趋势。作为"十三五"的开局之年，2016 年的化工行业生产触底回升，出现明显好转迹象。

经初步季节调整，重点监测的 6 种产品中，3 种产品生产状况稳定回暖：烧碱、化肥和乙烯呈增长态势，农药和硫酸同比由降转增，碳酸钠下降幅度收窄。

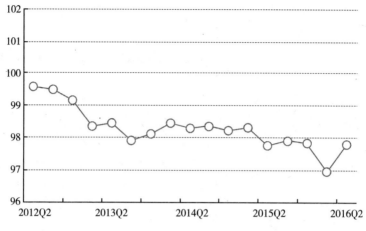

图4 化工产业生产合成指数（2003年增长水平＝100）

2. 销售收入缓慢增长，增幅明显提高

2016年第一、第二季度化工产业主营业务收入分别为2.0万亿元和2.2万亿元，同比增长2.5%和5.1%，增速明显提高。

与2015年同期水平相比，前两个季度收入绝对数提高。从同比增速来看，2016年第一季度低于2015年同期水平，第二季度明显高于2015年同期水平。

销售收入的小幅提升主要受第一季度市场需求略有回暖、部分终端产品（如溴化工和维生素链产品等）价格上涨和上年同期基数较低的影响。销售收入增长的加快，主要与销售量的增长有关。

3. 利润保持较快增长，盈利能力有所提高

经初步季节调整①，2016年第一、第二季度化工产业利润总额分别为913.1亿元和1301.2亿元，呈快速增长态势；同比分别增长16.2%和14.1%。利润增速的提高主要受益于主营业务收入增速回升以及原料价格的下跌。经测算，化工产业销售利润率分别为4.5%

---

① 初步的季节调整指仅剔除春节等节假日因素的影响，未剔除不规则要素的影响。

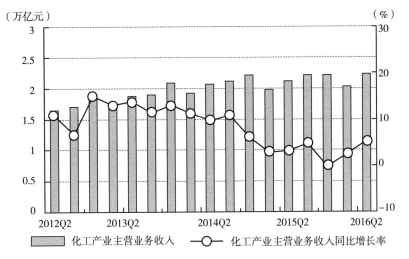

图5 化工产业主营业务收入

和5.8%。

2016年第一、第二季度的产业利润总额绝对数均高于2015年同期水平。从各季度的同比增速看，2016年第一季度远远高于2015年同期水平，第二季度略低于2015年同期水平。2016年前两个季度的销售利润率高于2015年同期水平。

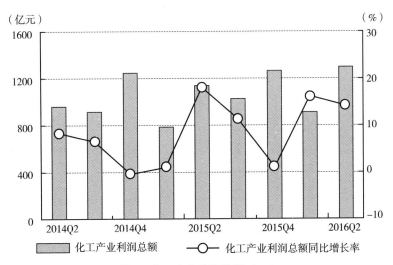

图6 化工产业利润总额（一）

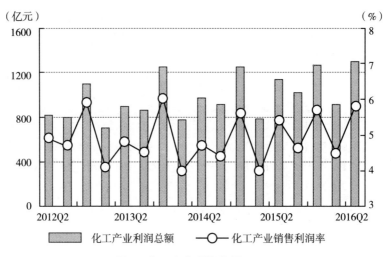

图7 化工产业利润总额（二）

经初步季节调整，2016 年前两个季度化工产业亏损企业亏损总额分别为 281.5 亿元和 271.3 亿元，呈下降趋势；同比增长率分别为 -0.9% 和 0.1%，亏损面分别为 19% 和 15.8%，亏损面呈减少趋势。

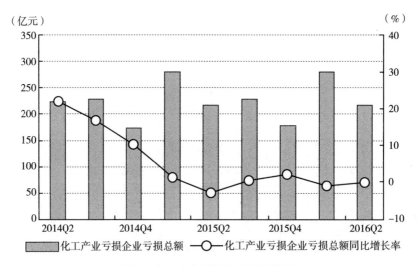

图8 化工产业亏损企业亏损总额

从绝对数来看，2016年第一季度的化工产业亏损企业亏损总额低于2015年同期总额，第二季度的亏损总额与2015年同期持平。从同比增长率来看，2016年前两个季度的水平均低于2015年同期水平。从亏损面来看，2016年前两个季度的亏损面均小于2015年同期水平，亏损面有缩小的态势。

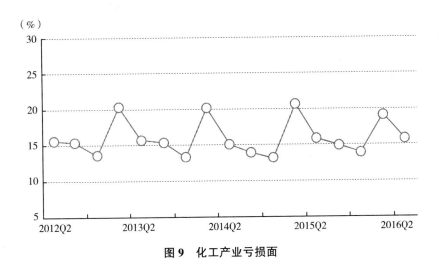

图9　化工产业亏损面

4. 价格继续下跌，跌幅收窄

2016年，化工产业生产者出厂价格水平前两个季度同比分别下跌5.9%和5.6%，第一季度比2015年第四季度扩大0.1个百分点，第二季度比第一季度收窄0.3个百分点。目前已连续18个季度同比下跌，化工产品供大于求的市场格局没有明显改观。

5. 出口额缓慢增加，降幅明显收窄

经初步季节调整，2016年前两个季度化工产品出口额分别为260亿美元和261.1亿美元，有所增加；同比分别下降16.5%和3.9%，第一季度降幅比2015年第四季度扩大8个百分点，第二季度降幅比第一季度降幅收窄13.6个百分点，是连续四个季度降幅扩

图 10　化工产业生产者价格同比变动

大后的首次降幅收窄，表明出口下滑态势得到一定程度的遏制。

　　从绝对数来看，2016 年前两个季度化工产品出口额均低于 2015 年同期水平；从同比增速看，2016 年前两个季度均低于 2015 年同期水平。

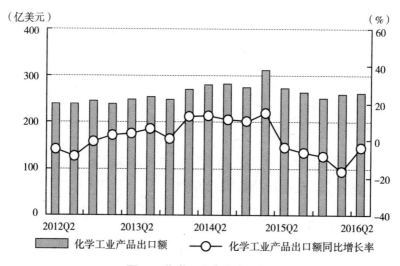

化学工业产品出口额　　—○— 化学工业产品出口额同比增长率

图 11　化学工业产品出口额

6. 库存缓慢下降

经初步季节调整，2016 年前两个季度的化工产业产成品资金分别为 2784.7 亿元和 2741.7 亿元，同比分别增长 1.1%和下降 2.9%，产成品资金同比由增转降。与主营业务收入同比增速相比，产成品资金增速连续两个季度低于主营业务收入增速，且两者差距比第一季度扩大 6.6 点。以上数据在一定程度上表明化工行业去库存进程进一步加快。

从绝对数来看，2016 年第一季度的产成品资金高于 2015 年同期水平，低于 2015 年第四季度；2016 年第二季度数据低于 2015 年同期水平。从相对数来看，2016 年数据低于 2015 年同期水平。

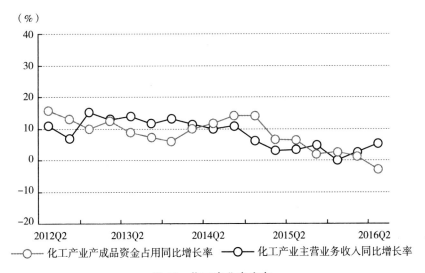

图 12　化工产业去库存

7. 应收账款增速下降，回款压力略有缓解

经初步季节调整，2016 年前两个季度化工产业应收账款分别为 6063.7 亿元和 6616.9 亿元，呈微增态势；同比增长率分别为 3.2%和 3.9%，呈上升态势。与主营业务收入增速相比，应收账款增速分

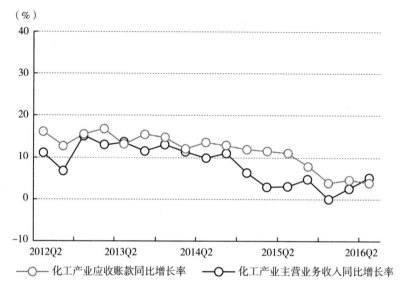

别高出 0.7 个和-1.2 个百分点，两者之间的差距在缩小。

经测算，应收账款平均周转天数①前两个季度分别为 27.9 天和 25.6 天，比 2015 年同期分别增加 0.4 天和减少 0.2 天。

2016 年应收账款绝对数均高于 2015 年同期水平；同比增速远远低于 2015 年同期水平。

图 13　化工产业回款

8. 投资额和投资增速双双下降

经初步季节调整，2016 年前两个季度化工产业固定资产投资总额分别为 1561.2 亿元和 3942.3 亿元，同比分别下降 2.0% 和 4.7%，化工产业固定资产投资已连续两个季度呈现下降走势，这在一定程度上表明化工行业化解产能过剩进程加快。

───────────

① 应收账款周转天数：表示在一个季度内，应收账款从发生到收回（周转一次）的平均天数。一般来说，应收账款周转天数越短，则资金利用效率越高，反之则越低。计算公式为：90/（季度销售收入/平均应收账款）。

　　2016年前两个季度的投资额均低于2015年同期水平，同比增速转为同比下降，且降幅呈扩大态势，已连续5个季度下降。

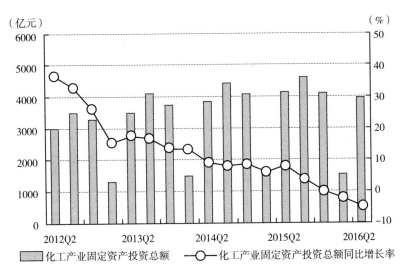

（亿元）
（%）

图14　化工产业固定资产投资总额

9. 从业人数降幅持续收窄

　　经初步季节调整，2016年第一、第二季度末，化工产业从业人数分别为434.2万人和453.8万人，同比分别下降1.9%和1.4%。第一季度降幅比2015年第四季度扩大1.5个百分点，第二季度降幅比第一季度收窄0.5个百分点。从业人数同比已连续下降13个季度。

　　2016年前两个季度的从业人数均低于2015年同期水平，第一季度从业人数也低于2015年第四季度从业人数。2016年同比下降的速度均高于2015年同期水平。

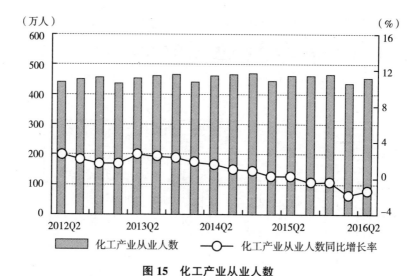

图15 化工产业从业人数

二、2016年上半年化工行业运行分析

（一）总体发展状况

化工行业作为基础行业，产品用途广泛，原料主要来自原油、天然气、煤炭、原盐、钾矿、磷矿以及石化产品。由此可见，大部分的化工产品受宏观经济影响较大。"十二五"期间因经济增速换挡，绿色发展理念深化，作为"三高"行业的化工行业面临巨大压力，整体低位运行。2016年上半年，化工行业继续在偏冷的"浅蓝灯区"上临界线附近运行，生产趋于回暖。其中，生产销售收入增长加快，销售利润率小幅上升，进出口和从业人数降幅收窄，利润增幅小幅收窄，库存由增转降，而投资降幅有所扩大。总体看，化工行业景气状况稳中有升，经济运行呈现小幅回暖走势。

（二）运行特点及原因分析

2016 年上半年，化工行业经济运行总体平稳，但下行压力依然较大。上半年全行业生产保持正常，市场需求增长平稳，价格触底回升，效益整体保持向好势头，结构调整取得进展。

1. 经济运行总体平稳

增加值保持平稳较快增长，2016 年上半年，化学工业增加值增长 9.5%，同比加快 0.1 个百分点。效益整体上回升，化学工业利润总额增幅 13.8%，比上年同期加快 4.2 个百分点；主营业务收入同比增长 3.7%，加快 1 个百分点。生产增长基本平稳，乙烯产量增幅 8.8%，加快 6.5 个百分点；甲醇产量增长 8.0%，回落 1 个百分点；涂料产量增长 6.4%，加快 4 个百分点；硫酸产量同比持平，增速较上年同期有所回落；烧碱产量增长 6.4%，加快 8.3 个百分点；合成树脂增长 7.7%，减缓 1 个百分点；轮胎外胎产量增长 9.1%，较上年同期下降 4.0%。

2. 增长结构优化

从增加值增速看，高附加值、高新技术产业增长较快。2016 年上半年，合成材料制造和专用化学品制造业增加值增幅均高达 12.3%，明显高于化工行业 9.5% 的平均增速。从利润增长看，有机化学原料制造利润总额增速达 36.0%，合成材料制造增长 29.4%，涂（颜）料等制造增长 17.6%，专用化学品制造利润增速 13.1%。专用化学品、有机化学原料、合成材料分别占化学工业利润总额的 28.9%、15.8% 和 13.2%，对利润增长的贡献率分别达到 27.6%、34.4% 和 24.8%。从出口贸易结构看，专用化学品出口贸易实现逆势增长，上半年出口额 88.1 亿美元，同比增长 4.1%，占全行业出口总额的比重为 10.7%，同比提高 0.4 个和 1.3 个百分点。

3. 价格触底回升

从2016年上半年的价格走势看，化学工业市场价格在1~2月触底之后，持续回升。价格指数显示，上半年化学原料和化学品制造业下降5.6%，收窄0.5个百分点。市场监测还显示，1~6月，纯碱（重灰）市场均价1377元/吨，上涨2.0%；电石均价2162元/吨，上涨2.2%；丙烯市场均价5655元/吨，涨幅14.2%；纯苯均价4817元/吨，上涨9.5%；精对苯二甲酸均价4553元/吨，上涨5.3%；高密度聚乙烯均价6520元/吨，涨幅3.6%；聚丙烯均价6842元/吨，涨幅7.2%；丁苯橡胶均价10183元/吨，涨幅17.1%。从主要化工产品看，有机化学原料和合成材料反弹势头较强。

4. 节能降耗继续取得进展

重点产品单位能耗继续下降。2016年第一季度，我国吨乙烯产量综合能耗796.8千克标准煤，下降2.1%；吨烧碱产量综合能耗365.7千克标准煤，下降4.8%；电石和合成氨综合能耗分别为1010.4千克和1305.0千克标准煤，增长0.4%，与上年同期持平。行业能效继续提升。上半年，化学工业在主要化学品总量增长4.0%、主营业务收入增长3.7%的情况下，总能耗同比仅增长3.2%，增速比上年同期回落1.0个百分点。化学工业万元收入耗标煤同比下降0.6%。

5. 消费市场保持平稳增长

2016年上半年，主要化学品表观消费总量增幅约5.0%，加快0.9个百分点。其中，乙烯表观消费量993.6万吨，同比增长9.0%；甲醇表观消费量2537.6万吨，增幅15.1%；烧碱表观消费量1574.7万吨，增长8.3%；电石表观消费量1249.6万吨，增长2.5%；合成材料表观消费总量8678万吨，增幅4.5%。

三、化工行业前瞻及建议

（一）总体发展趋势判断

展望 2016 年下半年，化工行业或将呈现回暖趋势，但依然面临下行压力。统计模型测算结果显示，2016 年第三季度和第四季度景气指数分别为 97.6、97.9，高于 2016 年第一、第二季度；预警指数分别为 80、83.3，均有所上升，第二季度在偏冷的"浅蓝灯区"运行，第四季度进入"绿灯区"。与此同时，企业家对未来行业发展走势的判断依然谨慎，用工持续下降，投资持续下降，市场需求有所放缓。

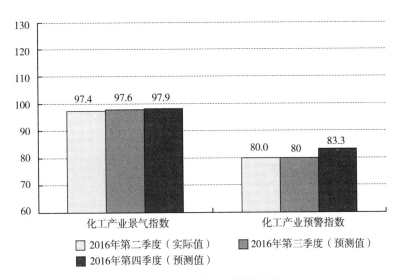

图 16 化工产业景气指数预测

企业景气调查结果显示，2016 年第二季度，化工产业企业景气指数为 109.2，比第一季度下降 0.8 点。调查结果表明，化工行业景气指数继续延续平稳走势。具体来看，2016年第二季度订货量高于正常的企业比低于正常的企业少16.5个百分点，表明市场需求有所放缓；用工计划第三季度比第二季度增加的企业比减少的企业低4.3个百分点，预计第三季度从业人数增速稳中略降；投资计划第三季度增加的企业比减少的企业少10.7个百分点，第三季度投资增长将继续放缓。

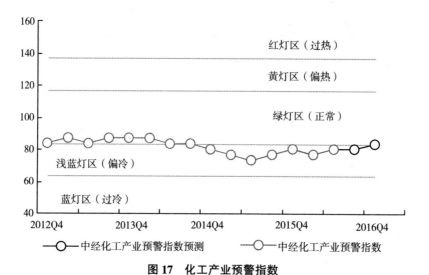

图17 化工产业预警指数

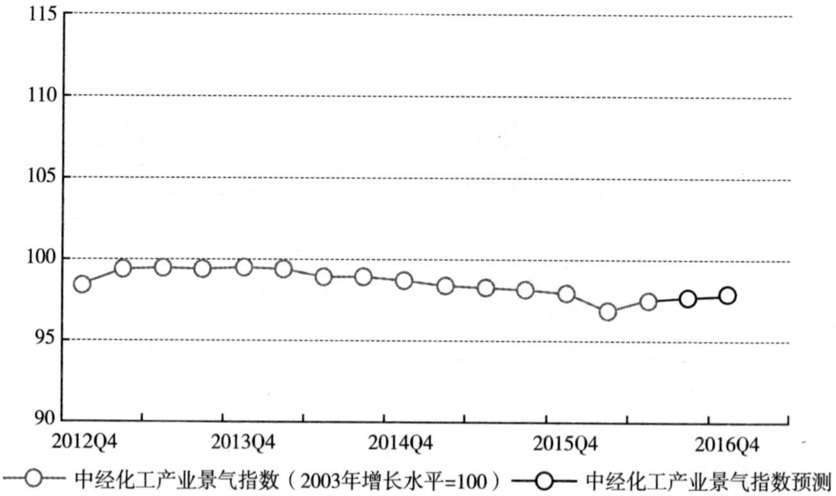

图18 化工产业模型预测

（二）2016 年下半年行业前景展望

2016 年，世界经济将继续温和复苏，能源结构或将持续调整，国际能源市场将保持供大于求的格局，原油价格中短期仍呈走低趋势。我国经济社会发展进入新常态，化工行业需求增速放缓，随着新环保法的实施，安全环保要求日益严格，化工行业发展面临严重的挑战。在"创新、协调、绿色、开放、共享"五大发展理念的指引下，2016 年下半年化工行业整体运行仍将延续温和回暖的走势。

目前，化工行业面临的形势依然复杂，行业效益分化加剧，固定资产投资持续下降，成本高位运行，外需疲软，进出口压力不断增大。第一，效益分化较大。2016 年以来，化工行业利润整体上呈现恢复性增长，增速近 14%。但是，化肥制造业利润持续大幅下降，其中氮肥制造净亏损近 45 亿元（上年同期为亏损 8.0 亿元）。此外，无机酸、染料制造等行业的利润也是持续下降。受此影响，化工行业利润上半年出现大幅波动，1~2 月增幅高达 24.6%，第一季度猛然回落至 5.1%，到 4 月甚至出现累计负增长的局面，上半年降幅7.2%。这种情况表明，目前全行业整体效益向好的基础仍很脆弱，经济下行压力还很大。第二，投资持续疲软。上半年，受油价低迷影响，化学工业投资 2016 年出现了历史上的首次下降，目前降幅4.5%，有继续扩大的趋势。第三，进出口压力增大。海关数据显示，上半年行业进出口压力不断增大。一方面，进出口总额持续下降，尤其是出口额连续 16 个月下降，而且降幅比上年同期扩大 4.6 个百分点；另一方面，一些大宗产品进口激增，对国内市场造成较大冲击。第四，成本居高不下。上半年，全行业生产成本总体呈现高位运行态势，每 100 元主营业务收入成本一直在 84.37 元上方运行，且有上升之势。近年来，化工行业人工成本、环保成本、运输成本等快速上升。上半年全行业在利润和收入均下降的情况下，管理费用、产品销售费用等却持续较快增长。企业经营压力有增无减。

当然，化工行业也面临着新的机遇。第一，"十三五"规划的实施将促进化工行业的全面深化改革，有助于改善结构性产能过剩和科技创新能力不足的问题。第二，第二季度化工行业产成品资金增速由升转降，结束了 25 个季度的同比上升趋势，标志着化工行业去库存取得阶段性进展，因此预计化工行业下半年会延续去库存态势，这有助于缓解行业资金压力，从而改善各项财务指标。第三，"互联网+"模式的迅速发展，为化工行业的采购和交易模式带来新的突破；电商模式帮助解决了化工行业区域间供求不匹配的难题，从而改善了化工行业的供应链，降低了交易成本，有助于推动行业结构性改革和产业升级。第四，从 2016 年 7 月 1 日起，我国将全面推进资源税改革，旨在减轻企业赋税。

综上所述，2016 年下半年化工产业整体运行仍将延续温和回暖的走势。

(三) 行业发展对策建议

"创新、协调、绿色、开放、共享"五大发展理念，是"十三五"乃至更长时期我国经济与社会的发展思路、发展方向、发展着力点的集中体现，也是改革开放 30 多年来我国发展经验的集中体现，更是化工行业坚持的发展理念。

(1) 坚持市场导向、创新驱动、结构优化、绿色发展原则，主动适应和引领经济发展新常态，利用化工工业自身良好的产业基础，加快结构调整和产业升级步伐，着力提高发展质量和效益，创造"互联网+"时代和国际化发展的化工新优势，成为科技、品牌、可持续发展和人才实力都不断增加的世界化工强国。

（2）推动行业规范发展。加强供给侧改革，推动石化化工行业规范化发展。研究制定MDI、铬化合物、煤制烯烃行业规范条件，对轮胎、氮肥、磷肥等行业实施公告管理，建立健全防范和化解传统化工产能过剩长效机制。按照《促进化工园区规范发展的指导意见》要求，开展化工园区改造，提升化工园区安全、环保和产业发展水平。

（3）着力培育战略性新兴产业，大力发展化工新材料。整合资源，加快建立以市场为导向、企业为主体的"产学研用"技术创新体系，大力发展膜材料产业，以发展碳纤维及复合材料、电子化学品、推动高端工程塑料在装备中的应用为突破口，促进化工新材料进口替代。推动水溶肥的开发和应用，引导化肥工业转型升级。

（4）深入推进"两化"深度融合。加大智能制造试点示范推广力度，鼓励在地方炼厂、轮胎、氯碱等行业进行智能工厂和数字油田试点，促进企业提质增效、提高安全发展水平。推进危化品生产企业智能化改造试点，召开现场经验交流会，逐步在全行业推广国产装备在改造提升危化品企业中的应用。开展智慧化工园区试点，提升园区的安全管理水平。

（5）推进国际产能合作，加快产业链在全球的布局，促进出口贸易的优化升级。开展"我国化工行业贯彻落实'一带一路'战略"研究，研究重点地区（如中东、东盟等）政治、资源、政策等，提出我国重点行业"走出去"的目标、方式和配套政策措施，分行业提出项目清单，做好境外投资投向引导，研究企业之间联合起来"走出去"的模式，落实和完善财税支持政策。

执笔人：刘建翠

中经产业景气指数电力行业
2016 年上半年分析

一、2016 年上半年电力行业运行情况[①]

（一）2016 年上半年电力行业景气状况

1. 景气指数有所波动

2016 年上半年，电力行业[②]中经产业指数延续了 2015 年第二季度以来的水平，继续维持在 98~99（2003 年增长水平=100[③]），在此范围内呈现"先抑后扬"的走势。第一季度，中经产业电力指数为 98.1[④]，

---

① 本部分数据主要来自中经产业指数 2016 年第一、第二季度报告。
② 中经电力产业包括电力生产和电力供应 2 个行业。
③ 2003 年中经电力产业的预警灯号基本上在"绿灯区"，相对平稳，因此定为中经电力产业景气指数的基年。
④ 根据景气预警指数体系运算方法，行业景气指数、行业预警指数及预警灯号的构成指标要经过季节调整，剔除季节因素对数据的影响，在对包含当期数据的时间序列进行季节调整时，历史数据的季节调整结果也将发生变化，因此行业景气指数、预警指数及预警灯号发布当期数据时，前期数据也会进行调整。

较2015年第四季度下降0.7点，比上年同期下降1.3点；第二季度则表现为温和上扬，中经产业电力行业指数为98.6，比第一季度提高0.5点，比2015年第二季度提高0.2点。剔除随机因素①，电力行业景气指数表现更为平稳，2016年第一、第二季度均为97.7，与2015年第四季度相同，比2015年第二、第三季度景气指数略高0.1点。剔除随机因素的指数仍低于未剔除随机因素的指数，但两者之差较2015年有所缩小，一方面表明相关政策对行业发展仍具有促进作用，另一方面也说明政策对行业发展正向作用略有下降。

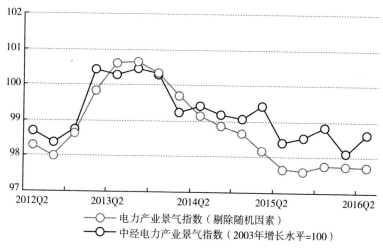

图1　电力产业景气指数

2. 预警指数持续偏冷

2016年第一季度，中经电力行业预警指数为75，较上一季度下跌8.3点，再次进入偏冷的"浅蓝灯区"；第二季度，中经电力行业预警指数达到79.2，虽然比第一季度提高了4.2点，已经接近正常的"绿灯区"，但仍处于偏冷的"浅蓝灯区"。在构成中经电力产业

---

① 随机因素亦称不规则性，如新政策实施、宏观调控、自然灾害等因素对数据的影响。

125

预警指数的 8 个指标（仅剔除季节因素①，保留随机因素）中，发电量、电力行业主营业务收入和电力出厂价格继续延续 2013 年以来的过冷状态，依然是制约行业整体水平的主要因素；行业利润总额 2014 年以来首次进入偏冷的"浅蓝灯区"，但主营业务利润率依然为过热状态；从业人数和应收账款（逆转②）均为正常的"绿灯区"；固定资产投资总额出现了转变，由第一季度偏冷的"浅蓝灯区"调整为第二季度正常的"绿灯区"。

指标名称	2013 年		2014 年				2015 年				2016 年	
	3	4	1	2	3	4	1	2	3	4	1	2
发电量	蓝	蓝	蓝	蓝	蓝	蓝	蓝	蓝	蓝	蓝	蓝	蓝
电力行业利润总额	黄	黄	绿	绿	绿	绿	绿	绿	绿	绿	蓝	蓝
电力行业主营业务收入	蓝	蓝	蓝	蓝	蓝	蓝	蓝	蓝	蓝	蓝	蓝	蓝
电力行业主营业务利润率	黄	黄	黄	红	黄	黄	红	红	红	红	红	红
电力行业从业人数	黄	红	黄	绿	绿	绿	绿	绿	绿	绿	绿	绿
电力行业固定资产投资总额	绿	蓝	蓝	蓝	蓝	蓝	蓝	蓝	蓝	绿	蓝	绿
电力出厂价格指数	蓝	蓝	蓝	蓝	蓝	蓝	蓝	蓝	蓝	蓝	蓝	蓝
电力行业应收账款（逆转）	蓝	绿	蓝	绿	绿	绿	黄	绿	绿	绿	绿	蓝
预警指数	绿	绿	绿	绿	绿	绿	绿	绿	绿	绿	蓝	蓝
	83	88	67	75	71	71	83	71	75	83	75	79

图 2　电力产业预警指数指标

★灯号图说明：预警灯号图采用交通信号灯的方式对描述行业发展状况的一些重要指标所处的状态进行划分：红灯表示过快（过热），黄灯表示偏快（偏热），绿灯表示正常（稳定），浅蓝灯表示偏慢（偏冷），蓝灯表示过慢（过冷）；并对单个指标灯号赋予不同的分值，将其汇总而成的综合预警指数也同样由 5 个灯区显示，意义同上。

---

① 季节因素是指四季更迭对数据的影响，如冷饮的市场销量随四季气温年复一年发生周期变动。

② 逆转指标也称反向指标，其指标值越低，行业状况越好，反之则相反。

（二）2016 年上半年电力行业生产经营状况

1. 发电量同比增速呈现上涨趋势

经初步季节调整[①]，2016 年第一季度发电量为 1.21 万亿千瓦时，同比增速为 0.3%，虽然比 2015 年同期增速下降 1.6 个百分点，但扭转了 2015 年第四季度发电量同比下降的趋势；第二季度发电量为 1.30 万亿千瓦时，同比增长 1.28%，增速比第一季度提高近 1 个百分点，与上年同期发电量同比下降 0.8% 相比，增速提高了 2.0 个百分点。数据显示，2016 年 1~5 月全国规模以上核电发电量同比增长 27.9%；水电发电量同比增长 16.7%；风电发电量同比增长 14.5%；火电发电量同比下降 3.6%。一方面我国电力结构得到进一步优化，另一方面发电量的持续增加也说明，就绝对量而言，清洁能源增加量已经超过火电的下降量，清洁能源的作用显著提升。

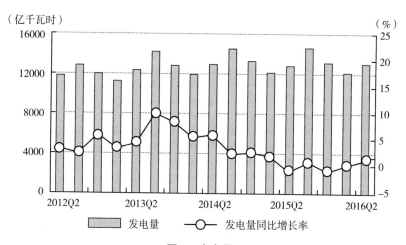

图 3　发电量

[①]　初步季节调整指原始数据仅剔除春节等节假日因素的影响，未剔除不规则要素的影响。

2. 生产者出厂价格继续下降

2016年上半年，电力行业生产者出厂价格延续2015年以来的下降趋势，而且降幅有所扩大。经初步季节调整，2016年第一季度电力行业生产者出厂价格同比下降3.7%，降幅比上年同期扩大了3.4个百分点，与上一季度相比，降幅也扩大了1.9个百分点；第二季度电力行业生产者出厂价格同比下降3.0%，较第一季度降幅有所收窄，但依然高于2015年的整体水平，与上年同期相比，降幅扩大了1.6个百分点。电力是现代经济体系中的基础性行业，具有很强的关联性，深化电力体制改革仍将是未来政策的重要着力点。

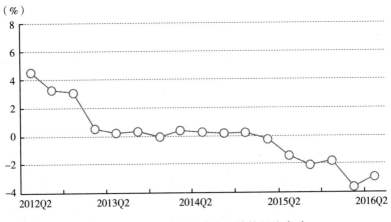

图4　电力工业品生产者出厂价格同比变动

3. 主营业务收入继续下降

虽然发电量有所恢复，但价格的大幅下降使得电力行业主营业务收入延续了2015年以来的下降态势。经初步季节调整，2016年第一季度，电力行业实现主营业务收入1.26万亿元，同比下降4.6%，而上年同期电力行业主营业务收入同比增长3.5%，与2015年第四季度相比，跌幅扩大2.74个百分点，创2000年以来单季最高跌幅；

第二季度，电力行业主营业务收入为 1.32 万亿元，同比下降
0.79%，仍呈下降态势，但跌幅较第一季度收窄 3.81 个百分点，与
上年同期相比，跌幅也下降 0.59 个百分点。

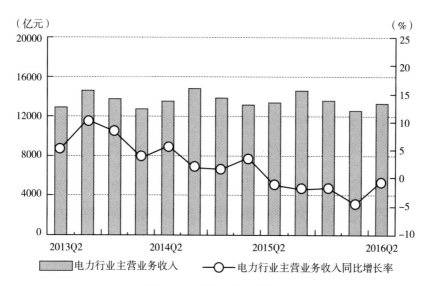

图 5 电力行业主营业务收入

4. 利润总额出现单季负增长，利润率仍保持较高水平

2016 年上半年，电力行业利润总额增长势头明显减弱。经初步
季节调整，第一季度，电力行业利润总额为 1148.6 亿元，仅同比增
长 0.4%，增幅比上季度和上年同期分别下降 18.6 个、30.3 个百分
点；第二季度，电力行业利润总额为 1210.2 亿元，出现了近年来首
次单季同比下降，同比下降 0.41%。尽管利润总额出现了波动，但
电力行业利润率依然保持较高水平。经初步季节调整，2016 年第一、
第二季度电力行业利润率均为 9.13%，分别比上年同期提高 0.45
个、0.03 个百分点，远高于全部工业利润率水平。

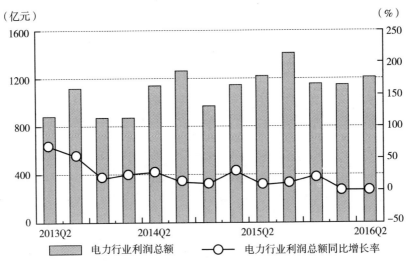

图6 电力行业利润总额（一）

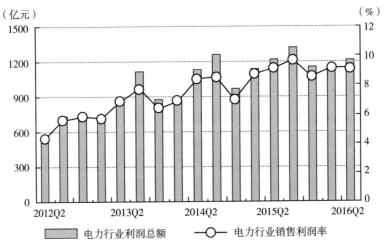

图7 电力行业利润总额（二）

5. 应收账款呈现快速增长

2016年上半年，电力行业应收账款增速明显提高。经初步季节调整，2016年第一季度电力行业应收账款为2671.3亿元，同比增长6%，改变了上年同期下降的局面，增幅比上一季度和上年同期分别提高 2.3 个和 7.5 个百分点；第二季度，电力行业应收账款为 3272.4 亿元，同比增长达 9.2%，增幅比第一季度提高 3.2 个百分点，比上年同期提高了 5 个百分点，行业资金压力有所加大。

2016 年第一季度，电力行业应收账款周转天数①为 17.21 天，同比和环比均有所下降，但第二季度电力行业应收账款周转天数为 20.2 天，比第一季度提高了 3 天，达到 2011 年以来的最高水平。

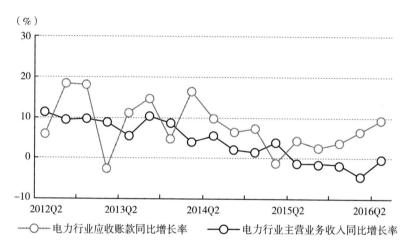

图 8　电力行业回款

6. 固定资产投资出现较大波动

2016 年上半年，电力行业固定资产投资增幅出现了"先降后升"。经初步季节调整，2016 年第一季度，电力行业固定资产总额为 1147.5 亿元，同比增长 4.2%，增幅比上年同期下降了 3.1 个百分点，与 2015 年第四季度相比增幅更是下降了 13.7 个百分点；第二季度，电力行业固定资产投资达到 1776 亿元，同比增长 24.5%，增

---

① 应收账款周转天数：表示应收账款从发生到收回（周转一次）的平均天数。一般来说，应收账款周转天数越短，则资金利用效率越高，反之则越低。计算公式为：90/（季度销售收入/平均应收账款）。

幅比第一季度大幅上涨了20.3个百分点，比上年同期提高了28.3个百分点，创2010年以来电力行业固定资产投资单季最高增幅。

国家能源局、中电联统计数据显示，2016年上半年，全国主要发电企业电源工程完成投资1210亿元，比上年同期下降8.7%，降幅比第一季度收窄6.2个百分点。其中，火电完成投资379亿元，同比下降6.4%，降幅比第一季度减少13.1个百分点；水电完成投资227亿元，同比下降17.9%，降幅比第一季度收窄2.6个百分点；核电完成投资218亿元，同比增长5.1%，由第一季度同比下降转为增长；风电完成投资244亿元，同比下降38.4%，降幅比第一季度提高10.5个百分点。2016年1~6月，全国电网工程完成投资2180亿元，增速虽然比第一季度低7.6个百分点，但仍实现同比增长33.2%。

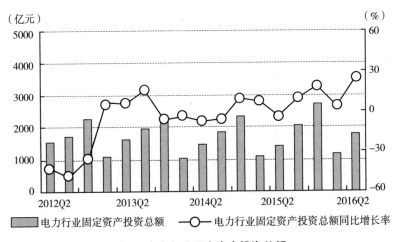

图9 电力行业固定资产投资总额

7. 行业用工人数相对平稳

2016年上半年，电力行业用工人数继续保持微弱下降。经初步季节调整，2016年第一季度，电力行业用工人数为246.6万人，同比下降0.5%，降幅较上一季度提高0.1个百分点；第二季度，电力行业用工人数为251.8万人，同比下降0.6%，降幅比第一季度略有扩大，但比上年同期收窄0.5个百分点。总体来看，电力行业用工人数在下降的同时逐步趋稳。

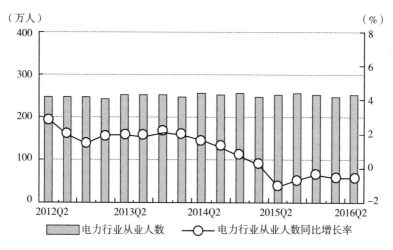

（万人）　　　　　　　　　　　　　　　　　（%）

图10　电力行业从业人数

电力行业从业人数　　—○—电力行业从业人数同比增长率

二、2016 年上半年电力行业运行分析

（一）电力行业总体运行情况

整体来看，2016 年上半年电力行业总体运行相对平稳。发电量出现回升趋势，虽然生产者出厂价格和主营业务收入均继续下降，但降幅有所收窄；第二季度电力行业利润总额首现单季同比下降，但电力行业利润率仍保持在较高水平；电力行业用工人数保持平稳，而行业固定资产投资第二季度也出现了大幅度增长。延续 2015 年的趋势，中经电力行业景气指数继续在较小的范围波动。

就状态而言，2016年上半年电力行业运行依然偏冷。各个指标反差较大，行业从业人数、应收账款等指标均保持在正常的"绿灯区"，固定资产投资第二季度也恢复到正常的"绿灯区"，但发电量、主营业务收入、电力出厂价格指数均持续位于过冷的"蓝灯区"，成为制约行业发展的主要因素，而行业利润总额处于偏冷状态，主营业务利润率则为过热的"红灯区"。各种因素相互作用和抵消，第二季度电力行业预警指数虽有所上升，但仍未达到正常的"绿灯区"。

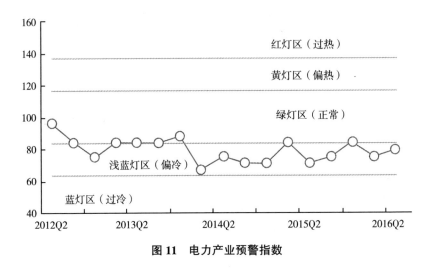

图11 电力产业预警指数

（二）运行特点及原因分析

1. 电力需求有所增加

随着整体经济形势的稳中向好，电力消费增速有所提高。根据中电联统计数据，2016年上半年全社会用电量为2.78万亿千瓦时、同比增长2.7%，与上年同期相比增速提高了1.4个百分点，即使扣除2月多一天的闰年因素，增速同比也提高了0.8个百分点。第三产业和居民用电是电力消费增加的主要动力，上半年第三产业用电量为

3709亿千瓦时，同比增长9.2%，增速比上年同期提高1.2个百分点，拉动全社会用电量增长1.2个百分点；城乡居民生活用电量为3816亿千瓦时，同比增长7.7%，比上年同期提高2.9个百分点，拉动全社会用电量增长1.0个百分点；第一产业用电量475亿千瓦时，同比增长7.7%。第二产业仍是用电大户，2016年上半年用电量为1.98万亿千瓦时，占全社会用电量的71.2%，同比实现由"降转增"，增长0.5%，但制造业用电量同比下降0.3%，化学原料制品、非金属矿物制品、黑色金属冶炼、有色金属冶炼四大高耗能行业用电量同比下降3.3%，降幅比上年同期扩大1.8个百分点。

2. 煤电落后产能淘汰加快

2016年3月，国家发改委和能源局发布了《关于促进我国煤电有序发展的通知》，提出了建立风险预警机制、严控总量规模、有序推进煤电建设等要求；同时，还公布了《关于建立煤电规划建设风险预警机制暨发布2019年煤电规划建设风险预警的通知》。4月，国家发改委和能源局发布了《关于进一步做好煤电行业淘汰落后产能的通知》，进一步明确了落后产能淘汰标准，要求各省市5月报送各自煤电淘汰落后产能计划，并对淘汰工作进行了严格规定。

3. 电力行业在"调结构"和"降成本"中发挥重要职能

作为基础性行业，电力行业不仅为经济社会发展提供动力来源，而且也肩负着一定的政策职能。2016年1月，国家发改委和工信部联合发布了《关于水泥企业用电实行阶梯电价政策有关问题的通知》（以下简称《通知》），对淘汰窑型以外的通用硅酸盐水泥生产用电实行基于可比熟料（水泥）综合电耗水平标准的阶梯电价政策，进一步实现"奖高罚低"。同时《通知》还提出，各地可以结合实际情况在上述规定的基础上进一步加大阶梯电价实施力度。2015年底，国家发改委发布《关于降低燃煤发电上网电价和一般工商业用电价格的通知》，自 2016 年 1 月 1 日起，全国燃煤发电上网电价平均每千瓦时下调约 0.03 元，一般工商业销售电价平均每千瓦时下调约 0.03 元，大工业用电价格不作调整，减轻中小微企业负担。

4. 电力行业利润率保持较高水平

2016 年上半年电煤价格继续走低，6 月全国电煤价格为 321 元/吨，同比下降 10.1%，虽然环比上升 1.90%，但比 1 月下降 1.7%。尽管电力价格有所调整，但电力行业利润率依然较高。2016 年上半年，规模以上电力、热力、燃气及水生产和供应业主营业务收入利润率为 8.75%，比规模以上工业利润率高 3.07 个百分点。但受价格因素的影响，电力行业收入和利润均出现了下降。2016 年上半年，规模以上电力、热力、燃气及水生产和供应业主营业务收入为 2.56 万亿元，同比下降 2.0%，实现利润 2260.08 亿元，同比下降 3.7%。

表 1　2016 年上半年电煤价格指数

	本期（元/吨）	上期（元/吨）	环比（%）	同比（%）
2016 年 1 月	327	329	-0.74	-22.79
2016 年 2 月	318	327	-2.54	-22.78
2016 年 3 月	323	318	1.38	-19.88
2016 年 4 月	317	323	-1.72	-17.20
2016 年 5 月	315	317	-0.69	-13.12
2016 年 6 月	321	315	1.90	-10.12

5. 电力体制改革依然是重点

2016 年 3 月，国家发改委发布《关于扩大输配电价改革试点范围有关事项的通知》，将北京、天津、河南、河北、山西、陕西、江西、湖南、四川、重庆、广东、广西 12 个省级电网和经国家发改委、国家能源局审核批复的电力体制改革综合试点省份的电网，以及华北区域电网纳入输配电价改革试点范围。2016 年 4 月，国家发改委又印发了《关于发展煤电联营的指导意见》，明确 "市场为主，企业自愿"、"统筹规划，流向合理"、"调整存量，严控增量"、"互惠互利，风险共担"、"联营合作，专业经营" 的发展原则，提出 "重点推广坑口煤电一体化"、"在中东部优化推进煤电联营"、"科学推进存量煤电联营"、"继续发展低热值煤发电一体化"、"建立煤电长期战略合作机制" 五个重点发展方向，针对不同情况设定不同的模式——"大型煤电基地坑口电站优先采取煤电一体化模式"、"低热值煤等资源综合利用电厂适合煤电一体化模式"、"不具备一体化条件的，鼓励采取大比例交叉持股模式"。由此可见，无论是发电环节还是输配电环节，相关改革均稳步推进。

三、行业前瞻与对策建议

（一）电力行业景气指数预测

总体来看，2016 年上半年电力行业发展较为平稳。目前电力行业处于供需宽松阶段，2016 年上半年全国发电设备累计平均利用小时 1797 小时，同比降低 138 小时，但电力需求和发电量均呈现回升态势，企业信心略有提升。2016 年第二季度，电力行业企业景气调查结果显示，81.3%的企业订货量 "增加" 或 "持平"，比上季度下降 2.4 个百分点；96.1%的企业用工需求 "增加" 或 "持平"，比上季度上升 4.4 个百分点；87.3%的企业投资 "增加" 或 "持平"，比上季度上升 0.2 个百分点。

经模型测算，第三、第四季度中经电力产业景气指数分别为98.6和98.8，继续小幅回升。而第三、第四季度中经电力产业预警指数均为83.3，全面恢复到正常的"绿灯区"。

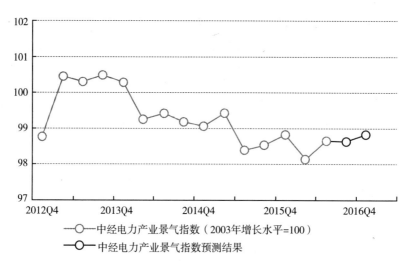

图 12　电力产业景气指数

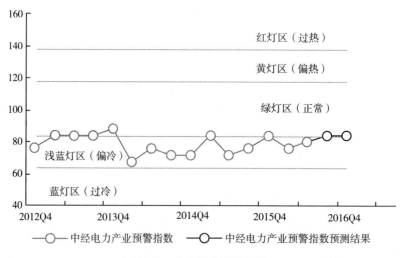

图 13　电力产业预警指数

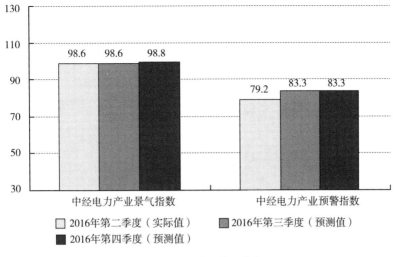

图 14　电力产业模型指数

图例：
□ 2016年第二季度（实际值）　■ 2016年第三季度（预测值）
■ 2016年第四季度（预测值）

（二）2016 年下半年行业前景展望

目前，供给侧结构性改革依然是经济工作的核心，国际环境不稳定因素较多，我国经济将继续保持中高速状态。在经历了 2015 年的较大波动之后，2016 年电力供需有望呈现相对平稳的发展态势。在供需相对宽松的背景下，深化体制改革是未来一段时期电力行业发展的重点，同时电力行业在供给侧结构性调整中的政策指向更加明显。2016 年 6 月底，国家发改委发布通知，完善两部制电价用户基本电价执行方式，减轻大工业用户基本电费负担，降低实体经济运行成本；2016 年 7 月，国家能源局同意《京津唐电网电力用户与发电企业直接交易暂行规则》，并要求力争到 2016 年底电力直接交易规模达到全社会用电量的 20%。在这种背景下，加之电煤价格趋稳，电力行业特别是煤电企业经济效益面临挑战。

在发电结构中，非化石能源的比重继续提高。同时，节能减排是电力行业的重点工作。2016 年 6 月，国家能源局和环保部联合印发

《2016年各省（区、市）煤电超低排放和节能改造目标任务的通知》，全面推进燃煤电厂的节能减排改造。根据通知，全国2016年要完成超低排放改造2.54亿千瓦，节能改造1.89亿千瓦。

（三）行业发展对策建议

1. 大力推进电力行业调整升级

充分利用电力供需宽松的环境，加大电力行业调整升级，坚决淘汰煤电行业落后产能，严格技术标准，合理控制煤电投资，提升煤电技术水平，继续支持非化石能源、清洁能源发电，逐步提高非化石能源的经济性，加强规划引导，促进可再生能源电力规划与区域产业发展的协调，完善电力输出通道建设，提高可再生能源电力消纳能力，充分发挥社会资源，积极化解"弃风、弃光、弃水"问题。依托"一带一路"战略，加强与相关国家和区域能源交流，探索合作模式，开拓"优势互补、合作共赢"的综合性国际电力合作。

2. 进一步深化电力体制机制改革

现阶段，体制问题是制约电力行业发展的关键性因素，推动体制机制改革是行业发展的内在要求。同时，电力行业在国民经济中具有基础性作用，深化电力体制改革对于提升我国经济活力具有重要意义。贯彻落实《中共中央国务院关于进一步深化电力体制改革的若干意见》，进一步理顺电力行业各环节之间的关系，充分发挥市场机制在电力交易中的作用，积极推动电力直接交易，总结试点经验，创新电力交易机制，完善电力交易平台，规范电力交易行为。完善电力价格调控机制，平衡行业发展和电力行业政策调控职能之间的关系。

3. 提升电力行业技术创新水平

全面推进电力行业技术创新，继续支持电力行业关键技术和共性技术研究，积极跟踪国际电力技术发展趋势，特别是关注行业发展的重要技术突破和技术进展，探讨新一轮技术革命、产业革命对电力行业的影响，积极探索新型电力运营模式，增强我国电力行业的持续发展能力。节能减排是电力行业的发展重点，要加大电力行业节能环保关键技术研发，推动行业节能减排技术改造，依托电能替代创新电力利用模式，强化电力行业在环保中的作用。

执笔人：吴滨

中经产业景气指数装备制造业
2016 年上半年分析

一、2016 年上半年装备制造业运行情况[①]

（一）行业景气状况

1. 景气指数稳中有升

2016 年第一、第二季度的中经装备制造业[②]景气指数分别为 94 和 94.2[③]（2003 年增长水平＝100[④]），第一季度比 2015 年第四季度

---

① 本部分的数据分析主要基于中经产业指数 2016 年第一至第二季度报告。

② 装备制造业包括通用设备制造业，专用设备制造业，汽车制造业，铁路、船舶、航空航天和其他运输设备制造业，电气机械和器材制造业，计算机、通信和其他电子设备制造业，仪器仪表制造业 7 个大类行业。

③ 根据景气预警指数体系运算方法，行业景气指数、行业预警指数及预警灯号的构成指标要经过季节调整，剔除季节因素对数据的影响，在对包含当期数据的时间序列进行季节调整时，历史数据的季节调整结果也将发生变化，因此行业景气指数、预警指数及预警灯号发布当期数据时，前期数据也会进行调整。

④ 2003 年装备制造业的预警灯号基本上在"绿灯区"，相对平稳，因此定为装备制造业景气指数的基年。

降低 0.5 点，第二季度比第一季度提高 0.2 点，略有上升。2015 年的微降态势有所减缓。

与 2015 年相比，2016 年第一、第二季度的景气指数也比较平稳缓和。2015 年第一、第二季度的景气指数从 95.4 降到 94.8，降低 0.6 个点，2016 年第一、第二季度的指数是从 94 上升到 94.2，提高 0.2 个点。2015 年是"十二五"期间景气指数最低的年度，2016 年作为"十三五"的开局之年，装备制造业景气指数有提高的趋势。

在构成装备制造业景气指数的 6 个指标（仅剔除季节因素[①]，保留随机因素[②]）中，装备制造业主营业务收入和利润总额持续增长，销售利润率有所提高，固定资产投资增速先提高后下降，出口总额降幅收窄，从业人数继续减少。

2016 年第一季度的主营业务收入、用工人数和出口的同比增速低于 2015 年同期水平，固定资产投资、利润和税金的同比增速高于 2015 年同期水平；2016 年第二季度的主营业务收入、利润同比增速高于 2015 年同期水平，固定资产投资、用工人数和出口的同比增速低于 2015 年同期水平。2015 年有 5 个指标是"十二五"期间最低水平，所以 2015 年是装备制造业在此期间发展最不景气的一年。2016 年第一、第二季度与 2015 年同期相比较，生产经营有好转的迹象。

在进一步剔除随机因素后，2016 年前两个季度中经装备制造业景气指数分别为 92.4 和 92.3，比未剔除随机因素的指数分别低 1.6 点和 1.9 点，两者差距扩大 0.3 点，表明相关稳增长政策和措施对

[①] 季节因素是指四季更迭对数据的影响，如冷饮的市场销量随四季气温年复一年发生周期变动。

[②] 随机因素亦称不规则性，如新政策实施、宏观调控、自然灾害等因素对数据的影响。

143

装备制造业景气的支撑作用有所增强。

2016年第一季度剔除随机因素的景气指数低于2015年第四季度的景气指数，也低于2015年同期指数，2016年第二季度的指数低于2015年同期指数，季度之间的差距变小，说明目前的政策支撑装备制造业的发展。

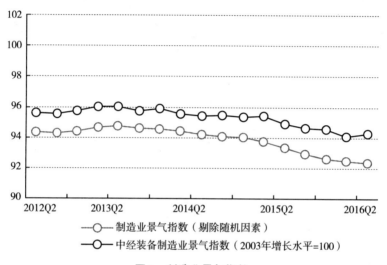

图1　制造业景气指数

2. 预警指数在"浅蓝灯区"上临界线运行

2016年前两个季度的中经装备制造业预警指数均为80，在偏冷的"浅蓝灯区"上临界线运行。2016年的预警指数均高于2015年的预警指数，结束了"十二五"期间连续下滑的趋势。

在构成中经装备制造业预警指数的10个指标中（仅剔除季节因素，保留随机因素），位于"绿灯区"的有1个指标，即生产者出厂价格指数；位于"红灯区"的有1个指标，即产成品资金（逆转①），

---

① 逆转指标也称反向指标，其指标值越低，行业状况越好，反之则相反。

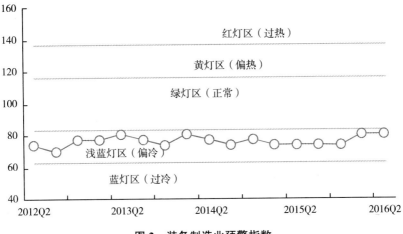

图 2　装备制造业预警指数

位于"黄灯区"的有 2 个指标，即销售利润率和应收账款（逆转）；位于"浅蓝灯区"的有 2 个指标，即从业人数和利润总额；位于"蓝灯区"的有 4 个指标，即生产合成指数、出口额、主营业务收入和固定资产投资总额。

从灯号变化来看，2016 年第一、第二季度，所有监测指标的灯号均维持不变。

2016 年第一季度与 2015 年第四季度相比，有 9 个指标的灯号没有变化——生产合成指数、出口额、生产者出厂价格指数、主营业务收入、从业人数、利润总额、销售利润率、固定资产投资总额和应收账款（逆转）；产成品资金（逆转）从 2015 年的"绿灯区"上升为"红灯区"。

2016 年第一、第二季度与 2015 年第一、第二季度相比，只有产成品资金（逆转）的灯号发生变化，从"绿灯区"上升为过热的"红灯区"。

指标名称	2013年		2014年				2015年				2016年	
	3	4	1	2	3	4	1	2	3	4	1	2
装备制造业生产合成指数	⑱蓝	⑱蓝	⑱蓝	⑱蓝	⑱蓝	⑱蓝	⑱蓝	⑱蓝	⑱蓝	⑱蓝	⑱蓝	⑱蓝
装备制造业出口额	蓝	蓝	蓝	蓝	蓝	蓝	蓝	蓝	蓝	蓝	蓝	蓝
装备制造业生产者出厂价格指数	绿	绿	绿	绿	绿	绿	绿	绿	绿	绿	绿	绿
装备制造业从业人数	绿	蓝	绿	绿	绿	绿	绿	蓝	蓝	蓝	蓝	蓝
装备制造业产成品资金（逆转）	黄	绿	绿	绿	绿	绿	绿	绿	绿	绿	红	红
装备制造业利润总额	蓝	蓝	绿	绿	蓝	蓝	蓝	蓝	蓝	蓝	蓝	蓝
装备制造业主营业务收入	蓝	蓝	蓝	蓝	蓝	蓝	蓝	蓝	蓝	蓝	蓝	蓝
装备制造业销售利润率	绿	黄	黄	黄	黄	黄	黄	黄	黄	黄	黄	黄
装备制造业固定资产投资总额	蓝	蓝	蓝	蓝	蓝	蓝	蓝	蓝	蓝	蓝	蓝	蓝
装备制造业应收账款（逆转）	黄	黄	黄	黄	黄	黄	黄	黄	黄	黄	黄	黄
预警指数	蓝	蓝	蓝	蓝	蓝	蓝	蓝	蓝	蓝	蓝	蓝	蓝
	77	73	80	77	73	77	73	73	73	73	80	80

图3 装备制造业预警指数指标

★灯号图说明：预警灯号图采用交通信号灯的方式对描述行业发展状况的一些重要指标所处的状态进行划分：红灯表示过快（过热），黄灯表示偏快（偏热），绿灯表示正常（稳定），浅蓝灯表示偏慢（偏冷），蓝灯表示过慢（过冷）；并对单个指标灯号赋予不同的分值，将其汇总而成的综合预警指数也同样由5个灯区显示，意义同上。

（二）装备制造业经营状况

1. 生产持续快速增长

经初步季节调整①，2016年前两个季度我国装备制造业生产合成指数分别为107.1和108.1（2015年同期＝100），生产增长连续两个季度呈现出加快势头。与全部工业生产的平均增长水平（两个季度分别为5.4%、5.9%）相比，装备制造业的生产增速高于工业平均水平。从各子行业增长看，汽车、电气机械、仪器仪表、专用设

---

① 初步季节调整指原始数据仅剔除春节等节假日因素的影响，未剔除不规则要素的影响。

备和通用设备制造业同比增速均有所上升，是促进装备制造业整体生产增长加快的主要动力，而铁路、船舶、航空航天运输设备，电子设备制造业生产增速有所下降或基本稳定。

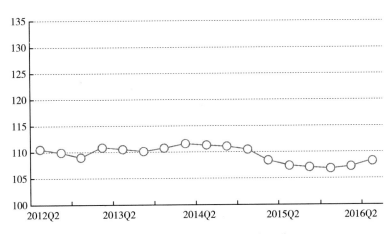

图4　装备制造业生产合成指数（上年同期＝100）

2016年第一季度的生产合成指数低于2015年同期水平，第二季度的生产合成指数高于2015年同期水平，呈上升态势。从各子行业来看，汽车、电气机械、仪器仪表、专用设备和通用设备制造业同比增速均高于2015年第四季度的增速，专用设备和仪器仪表制造业2016年第一季度同比增速高于2015年同期水平，2016年第二季度汽车、电气机械、仪器仪表、专用设备和通用设备制造业同比增速均高于2015年同期水平，其他行业生产增速基本稳定。

2. 主营业务收入增长有所加快

经初步季节调整，2016年前两个季度装备制造业主营业务收入分别为8.2万亿元和8.7万亿元，收入缓慢增长，同比分别增长4.5%和7.1%，呈上升态势。其中，汽车、电气机械、仪器仪表、电子设备、专用设备和通用设备制造业6个子行业主营业务收入同比增长增速均有不同程度的上升，占总体比重较高的汽车、电气机械和仪器仪表制造业主营业务收入增长加快提高了装备制造业整体收入的增速。

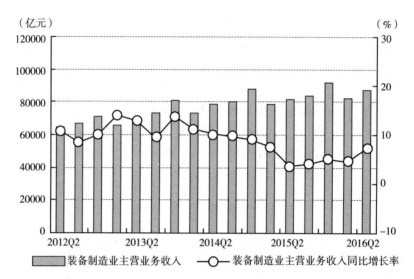

图5 装备制造业主营业务收入

2016年前两个季度同2015年前两个季度相比，销售收入各季度绝对数略高。从同比增速来看，2016年第一季度低于2015年同期水平，第二季度高于2015年同期水平，止住了2015年以来下滑的态势。

3. 出口降幅明显收窄

经初步季节调整，2016年前两个季度装备制造业出口交货值分别为1.7万亿元和1.8万亿元，同比分别下跌6.5%和0.7%，降幅明显收窄。其中，仪器仪表、电气机械、汽车制造出口实现由降转升，电子设备和通用设备制造业出口降幅收窄，这些使得装备制造业出口降幅大幅收窄。

2016年前两个季度，装备制造业出口交货值占主营业务收入的比重分别是20.4%和20.3%，呈微降态势。

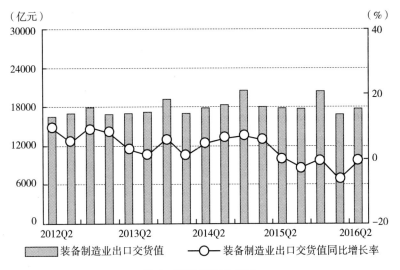

图 6　装备制造业出口

从绝对数来看，2016 年第二季度的出口额均低于 2015 年同期数值。从同比增长率来看，2016 年前两个季度的同比增速均低于 2015 年的同期数值，已连续 6 个季度同比下降。

2016 年前两个季度的出口交货值占主营业务收入的比重均低于 2015 年同期的数值，比上年同期分别低 2.4 个和 1.6 个百分点，呈下降态势。

4. 价格持续温和下跌

2016 年前两个季度的装备制造业生产者出厂价格同比均下跌 1.4%，呈持续缓慢下跌态势，跌幅持平，已连续 18 个季度下跌。

2016 年前两个季度的生产者出厂价格同比低于 2015 年同期的数值，2015 年的价格同比跌幅在扩大，是"十二五"期间价格下降幅度最大的年份，2016 年第一季度跌幅比 2015 年第四季度收窄 0.2 个百分点，跌势有所趋缓，第二季度与第一季度持平，下跌的态势有所减缓。

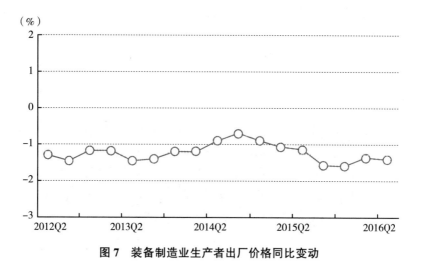

图7　装备制造业生产者出厂价格同比变动

5. 延续去库存态势

经初步季节调整，2016年前两个季度末，装备制造业产成品资金分别为1.3万亿元和1.3万亿元，同比分别增长2.6%和0，增速呈下降趋势，库存增速已连续7个季度下降，分别低于主营业务收入增速1.9个和7.1个百分点，表明装备行业去库存进程加快。

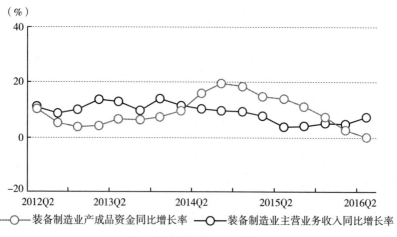

图8　装备制造业去库存

2016 年第一季度末产成品资金高于 2015 年同期水平，第二季度末的产成品资金与 2015 年同期水平持平；从同比增速看，2016 年前两个季度的同比增速均低于 2015 年同期水平。2015 年产成品资金增速高于同期主营业务收入增速，2016 年前两个季度产成品资金增速低于主营业务收入增速，去库存态势加强。

6. 利润增速持续上升

经初步季节调整，2016 年前两个季度装备制造业实现利润总额分别为 4257.9 亿元和 5661.4 亿元，同比分别增长 8.8% 和 10.1%，已连续 3 个季度呈现上升势头。这主要得益于占整体比重较高的电子设备和汽车制造业利润增长的加快，另外也与上年同期基数较低有关。其中，电气机械、汽车、电子设备制造业均快速增长，其他子行业利润也均保持一定程度的增长。

2016 年前两个季度的利润总额均高于 2015 年同期数值，同比增长率也远远高于 2015 年同期数值。

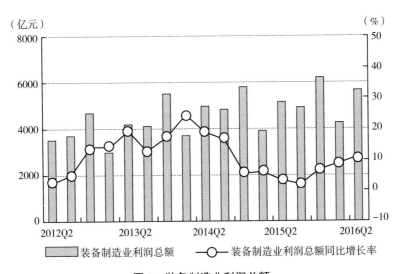

图 9　装备制造业利润总额

2016年前两个季度装备制造业销售利润率分别为5.2%和6.5%，均高于全部工业销售利润率。其中，汽车制造业销售利润率仍最高，分别为7.6%和8.5%；第一季度计算机、通信和其他电子设备制造业销售利润率最低，为3.6%；其余5个子行业销售利润率为5.2%～5.7%，第二季度其余6个子行业销售利润率为5.4%～7.0%。

2016年前两个季度的装备制造业销售利润率均高于2015年同期水平。

经初步季节调整，2016年前两个季度装备制造业亏损企业亏损总额分别为1120.2亿元和345.7亿元，呈下降趋势；同比增长率分别为9.7%和11.1%，呈增长态势；亏损面分别为22.9%和19.2%，呈缩小态势。

从绝对数来看，2016年前两个季度的装备制造业亏损企业亏损总额均高于2015年同期数值。从同比增长率来看，2016年第一季度的数值高于2015年同期的数值，2016年第二季度的增速低于2015年同期的数值。从亏损面来看，2016年前两个季度的亏损面均低于2015年同期数值。

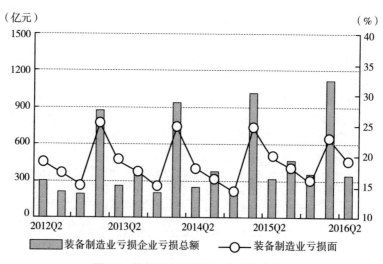

图10　装备制造业亏损企业亏损总额

7. 应收账款增加，回款压力持续加大

经初步季节调整，2016年前两个季度末，装备制造业的应收账款分别为5.4万亿元和5.7万亿元，呈增长态势，同比增长分别为10.5%和11.4%，呈微增态势，比主营业务收入增速分别高6个和4.3个百分点，呈微降态势。各个季度装备制造业应收账款周转天数分别为62天和58天。

2016年前两个季度末的应收账款额均高于2015年同期水平，2016年第一季度的同比增速低于2015年同期水平，第二季度略高于2015年同期水平，应收账款平均周转天数①均高于2015年各季度同期水平，说明2016年的回款压力大于2015年。以上数据表明，装备企业回款压力有所加大，装备行业的企业债务风险在不断累积。

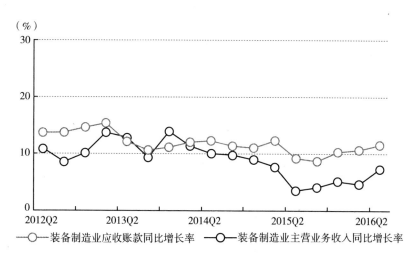

图11 装备制造业回款

———————————

① 应收账款周转天数：表示应收账款从发生到收回（周转一次）的平均天数。一般来说，应收账款周转天数越短，则资金利用效率越高，反之则越低。计算公式为：90/（季度销售收入/平均应收账款）。

8. 投资额增加，增速明显下降

经初步季节调整，2016 年前两个季度装备制造业固定资产投资总额分别为 0.79 万亿元和 1.74 万亿元，呈增长态势，同比增长率分别为 12.3%和 5.4%，呈下降态势。第一季度投资增速高于制造业的增长水平。其中，与结构调整和转型升级密切相关的汽车、电气机械和电子设备制造业投资均保持了平稳较快增长。

2016 年前两个季度的投资均大于 2015 年同期水平，第一季度的同比增速高于 2015 年同期水平，第二季度的同比增速低于 2015 年同期水平。2015 年装备制造业固定资产投资的同比增长是微升态势，2016 年是下降态势。

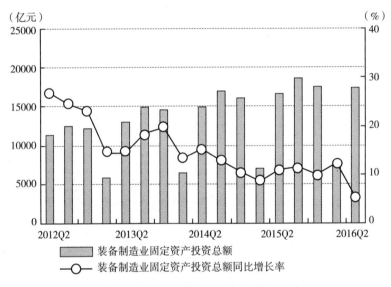

图 12　装备制造业固定资产投资总额

9. 用工继续减少

经初步季节调整，2016 年前两个季度末，装备制造业从业人数分别为 2798 万人和 2841 万人，同比分别下降 3%和 3%。连续 6 个季度呈下降态势。用工的减少在一定程度上与"机器替代人"等转型升级进展有关。

2016年前两个季度装备制造业从业人数均低于2015年同期水平；2016年从业人数同比增速低于2015年同期水平。

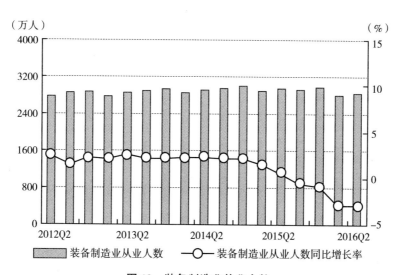

图13　装备制造业从业人数

二、2016年上半年装备制造业运行分析

（一）总体发展状况

装备制造业是工业经济的命脉和国民经济的脊梁，是"十三五"时期促进中国经济实现中高速增长、迈向中高端水平的强大引擎。"十二五"期间装备制造业经历了增速换挡，保持了低位运行，2016年是"十三五"开局之年，我国装备制造业在总体上延续了平稳运行的态势。其中，生产增长继续加快；主营业务收入平稳快速增长；

利润增速继续提升；价格温和下跌中趋稳；出口降幅明显收窄；库存增速保持连降势头；应收账款增速继续上升；投资增速明显下降；用工继续减少。

（二）运行特点及原因分析

经过改革开放 30 多年的快速发展，我国装备制造业取得了令人瞩目的成就，形成了门类齐全、具有相当规模和技术水平的产业体系。2016 年上半年我国装备制造业结构调整优化效果明显，表现为与转型升级密切相关的电子设备、汽车和电气机械制造业增长势头强劲，产销和效益增速均维持高位，带动了行业整体景气度的回升，而与产能过剩和污染相关的普通农机装备、石化设备等产业增长放缓。从整体上看，装备制造业经济运行平稳，结构持续优化，高端装备增长迅速。

1. 经济运行总体平稳

增加值保持平稳较快增长，2016 年上半年，我国装备制造业增速继续跑赢工业增速，增加值同比增长 8.1%，占规模以上工业增加值的比重为 32.6%。装备制造业的快速发展和占比提高意味着工业结构的优化，我国工业正从工业化中期向工业化后期过渡，主导产业也从重化工行业转向高技术、高加工度的制造业，尤其是高端装备制造业等。高端装备制造业表现抢眼。

2. 产业结构继续优化

高端装备制造业呈中高速增长，通用航空、卫星导航、工业机器人三大领域产值均保持了 15% 以上的增长。工业机器人和通用航空成为两大领跑行业，卫星导航和轨道交通增速相对平稳，而海洋工程装备则在积极扭转上年产业急速下滑的势头。

3. 供需结合促进装备行业升级

从需求侧看，装备制造业是生产和生活工具的制造者，传统行业升级需要新型、高端的装备制造产品，这种需求同时也拉动了装备制造业升级，而传统的装备制造产品还难以适应行业转型升级需求；从供给侧看，信息技术和装备制造业的融合正进一步深化，装备制造产品变得更加智能化，机器与机器、机器与人之间的协作不断升级，技术推动了装备制造业的升级和发展。

4. 部分核心技术得到突破，基础领域与国际水平仍有差距

我国高端装备制造业在核心技术攻关方面取得了重大突破，高铁动车组、国产大飞机、特高压输变电等领域核心技术均达到世界领先水平。但是相比之下，基础原材料、关键零部件制造、软件控制系统等基础制造领域仍与国际先进水平存在较大差距。

三、2016 年下半年行业发展前瞻

（一）装备制造业景气指数预测

展望 2016 年下半年，装备制造业或将继续保持平稳运行的局面。经模型测算，预计 2016 年第三季度和第四季度装备制造业景气指数分别为 94.3 和 94.3，略高于 2016 年第二季度。2016 年第三、第四季度的预警指数分别为 80 和 80，与第二季度持平，在偏冷的"浅蓝灯区"上临界线运行。

2016 年第二季度装备制造业企业景气调查结果显示，反映装备制造业企业家对 2016 年第三季度企业经营状况预测的预期指数为 113.5，比反映第二季度企业经营状况的即期指数高 1.9 点。第二季度，订货"高于正常"及"正常"的企业占 79.3%，比第一季度上

升 2.6 个百分点；企业用工计划"增加"比"减少"的企业比重低3.5 个百分点，两者"剪刀差"比第一季度扩大 3.1 个百分点；企业投资计划"增加"比"减少"的企业比重低 12.6 个百分点，两者的"剪刀差"比第一季度缩小 0.5 个百分点。

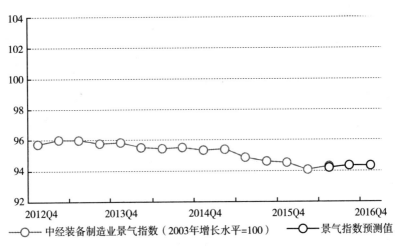

图 14　装备制造业景气指数预测

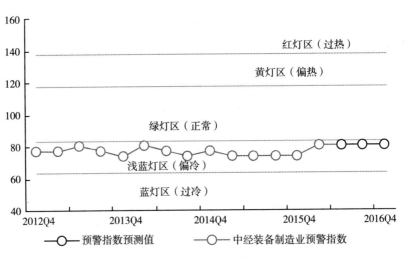

图 15　装备制造业预警指数

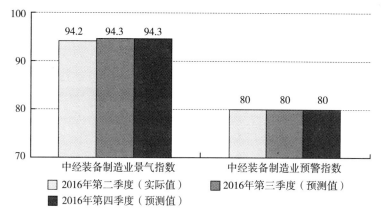

图16　装备制造业模型预测

（二）2016年下半年行业前景展望

2016年是"十三五"开局之年，在"创新、协调、绿色、开放、共享"五大发展理念的指导下，我国装备制造业运行总体呈现稳中有升的趋势，"三去一降一补"成效显著，结构调整优化和效益提升效果明显，表现出如下的特点：第一，供给侧结构性改革持续推进为装备制造业的健康发展提供了有利的政策环境；第二，随着结构改革的深入，与转型升级密切相关的电子设备、汽车和电气机械制造业增长势头强劲，产销和效益增速均维持高位，带动了行业整体景气度的回升，而与产能过剩和污染相关的产业增长出现放缓；第三，从效益看，装备制造业提质增效效果明显，利润增速从2015年第四季度开始出现触底反弹式的持续提升，并且快于生产和主营业务收入增速，销售利润率也稳步提高，盈利能力明显改善。

2016年下半年，坚定不移地推进供给侧结构性改革，继续加快装备行业的转型升级和提质增效仍然是重中之重。从国际市场来看，金融危机后世界经济弱复苏格局仍未改变，国际贸易和大宗商品价格持续低迷，需求疲弱，出口需求出现持续回升的可能性不大。从国内市场来看，部分产品的产能过剩问题依旧存在，价格仍然处于下跌通道，市场需求相对偏弱，装备制造业面临困难的复杂性不可低估，经济下行压力仍然较大。从政策和行业自身发展来看，随着《中国制造2025》的实施，装备行业有望持续改善供给结构，提质增效效果将不断显现。综合来看，2016年下半年装备制造业或将继续保持稳定运行的格局。

（三）行业发展对策建议

2016年下半年，在"十三五"开局一系列政策的刺激下，我国装备制造业下行压力将减小。尽管国际经济形势仍然严峻，但随着我国三大区域发展战略、中长期制造强国建设战略及加快国际产能和装备制造合作等逐步深入实施和加快落实，新的增长点、增长极、增长带逐步形成，国内经济将保持中高速增长。对此，提出如下建议：

1. 加强自身创新能力，提高产品创新和服务创新能力

在产品创新方面，要积极开展短板专项攻关工程。通过"主配牵手"，鼓励对关键技术和零部件有需求的整机厂和配套厂一起研制攻关，重点突破制约装备制造业发展的高精度、高性能、高可靠性基础零部件的质量控制和工艺技术。在服务创新方面，要重点解决专用生产设备短缺的突出矛盾。通过"产需对接"，鼓励制造企业深入了解用户需求，将装备制造技术和工艺技术有机结合起来，研制突破长期依赖进口的专用生产设备（生产线）等。据统计，科学仪器领域80%以上的创新来自于用户。因此，装备制造业要向用户提供创新推力，用户反过来向装备制造业提供创新拉力，最终形成创新发展的合力。在创新政策措施方面，要利用市场力量，整合各方资源，组织推动产业链上的企业联合攻关，调动全社会力量集中某一核心环节开展

攻关。针对不同的问题使用不同的解决方式，既可以由工业强基等重点工程资金引导，也可以使用技术改造资金、国家科技重大专项资金，或者引入社会资本、金融资本等，从而实现精准创新。

2. 加快提升智能制造的发展水平

一要积极建立智能制造的综合标准化体系。智能制造跨行业、跨领域、跨系统的特点十分突出，它的各种标准都很缺乏，甚至还有跨国家标准化的问题，标准已经成为全面实施智能制造的一个瓶颈。二要重点突破智能制造装备和产品的自主安全可控问题。实施智能制造后，装备、产品的系统是不是安全、是不是自主可控很关键。像新型传感器、新一代的机器人、3D 打印（增材制造），都存在安全和自主可控的问题。三要培育推广离散型数字化制造、流程型智能制造、网络协同制造、大规模个性化定制、远程运维服务五种智能制造新模式，推进《中国制造 2025》十大重点领域智能制造成套装备的集成应用。

3. 积极推动企业开拓国外市场

一是要加强对国际装备制造业前沿技术、国际科技合作项目的跟踪，鼓励装备制造业创新中心试点对境外创新资源的并购，与国际同行开展实质性研发与创新合作。二是加快落实国务院《关于推进国际产能和装备制造合作的指导意见》，加强国家装备制造业创新中心与国外企业、科研机构、国际组织在低碳制造标准制定、知识产权等方面广泛开展国际技术交流与经济合作。三是支持引导国内优势装备企业以"一带一路"沿线国家和地区为重点，推进轨道交通装备、电力装备、石化冶金设备、汽车、工程机械、农业机械、航空装备、船舶和海洋工程装备等领域开展项目合作、海外并购、设立境外研发中心和经贸区建设，继续推动装备制造业"走出去"。

执笔人：刘建翠

中经产业景气指数 IT 设备制造业
2016 年上半年分析

一、2016 年上半年 IT 设备制造业运行状况[①]

（一）IT 设备制造业景气状况

1. 景气指数稳中略升

2016 年上半年中经 IT 设备制造业[②]景气指数（2003 年增长水平＝100[③]）呈现稳中略升趋势。经初步季节调整[④]，2016 年第一、

---

① 本部分的数据分析主要基于中经产业指数 2016 年第一至第二季度报告。

② IT 设备制造业包括计算机、通信和其他电子设备制造业 1 个大类行业。

③ 2003 年 IT 设备制造业的预警灯号基本上在"绿灯区"，相对平稳，因此定为 IT 设备制造业景气指数的基年。

④ 初步季节调整指原始数据仅剔除春节等节假日因素的影响，未剔除不规则要素的影响。

第二季度中经 IT 设备制造业景气指数分别为 94.5 和 94.6①，第二季度比第一季度略升 0.1 点。

在进一步剔除随机因素②后，2016 年上半年中经 IT 设备制造业景气指数呈现下降趋势，且低于未剔除随机因素的景气指数。剔除随机因素后，2016 年第一、第二季度中经 IT 设备制造业景气指数分别为 94.2 和 94.0，第二季度比第一季度下降了 0.2 点，且分别低于未剔除随机因素的景气指数 0.3 点和 0.6 点，两者之差扩大了 0.3 点，表明相关政策对 IT 设备制造业运行起到一定的支撑作用。

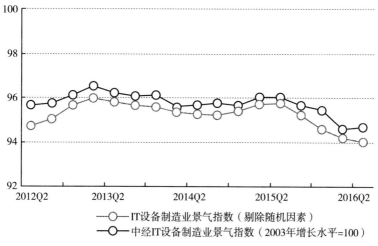

图 1　IT 设备制造业景气指数

2. 预警指数有所下降

2016 年上半年中经 IT 设备制造业预警指数呈现下降趋势。经初

---

① 根据景气预警指数体系运算方法，行业景气指数、行业预警指数及预警灯号的构成指标要经过季节调整，剔除季节因素对数据的影响，在对包含当期数据的时间序列进行季节调整时，历史数据的季节调整结果也将发生变化，因此行业景气指数、预警指数及预警灯号发布当期数据时，前期数据也会进行调整。

② 随机因素亦称不规则性，如新政策实施、宏观调控、自然灾害等因素对数据的影响。

步季节调整，2016年第一、第二季度中经IT设备制造业预警指数分别为83.3和80.0，第二季度比第一季度下降了3.3点，尽管预警指数有所下降，但2016年上半年IT设备制造业仍继续在"浅蓝灯区"上临界线附近运行，预警灯号没有发生变化。

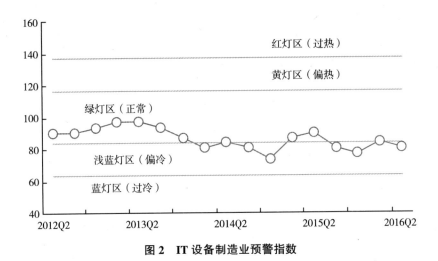

图2 IT设备制造业预警指数

从灯号变化看，在构成中经IT设备制造业预警指数的10个指标（仅剔除季节因素①，保留随机因素）中，2016年上半年仅固定资产投资总额和产成品资金（逆转②）2个指标的灯号发生了改变，其中固定资产投资总额由"绿灯"降为"蓝灯"，产成品资金（逆转）由"黄灯"升为"红灯"，其他指标的灯号均维持不变。

---

① 季节因素是指四季更迭对数据的影响，如冷饮的市场销量随四季气温年复一年发生周期变动。

② 逆转指标也称反向指标，其指标值越低，行业状况越好，反之则相反。

指标名称	2013 年		2014 年				2015 年				2016 年	
	3	4	1	2	3	4	1	2	3	4	1	2
IT 设备行业工业增加值	蓝	蓝	蓝	蓝	蓝	绿	蓝	蓝	蓝	蓝	蓝	蓝
IT 设备行业生产者出厂价格指数	绿	绿	绿	黄	黄	黄	黄	黄	绿	黄	黄	黄
IT 设备行业固定资产投资	绿	绿	绿	绿	蓝	蓝	蓝	蓝	绿	绿	蓝	蓝
IT 设备行业出口额	蓝	蓝	蓝	蓝	蓝	蓝	蓝	蓝	蓝	蓝	蓝	蓝
IT 设备行业主营业务收入	蓝	蓝	蓝	蓝	蓝	蓝	蓝	蓝	蓝	蓝	蓝	蓝
IT 设备行业利润总额	绿	绿	绿	绿	绿	绿	绿	绿	绿	绿	绿	绿
IT 设备行业销售利润率	绿	绿	绿	绿	黄	绿	黄	绿	黄	绿	黄	绿
IT 设备行业从业人数	蓝	蓝	蓝	蓝	蓝	蓝	蓝	蓝	蓝	蓝	蓝	蓝
IT 设备行业产成品资金（逆转）	绿	绿	绿	蓝	蓝	绿	蓝	蓝	绿	绿	黄	红
IT 设备行业应收账款（逆转）	红	红	黄	绿	绿	绿	绿	绿	绿	绿	绿	绿
预警指数	绿	绿	蓝	绿	蓝	绿	绿	绿	蓝	蓝	绿	绿
	93	87	80	83	80	73	87	90	80	77	83	80

图 3　IT 设备制造业预警指数指标

★灯号图说明：预警灯号图采用交通信号灯的方式对描述行业发展状况的一些重要指标所处的状态进行划分：红灯表示过快（过热），黄灯表示偏快（偏热），绿灯表示正常（稳定），浅蓝灯表示偏慢（偏冷），蓝灯表示过慢（过冷）；并对单个指标灯号赋予不同的分值，将其汇总而成的综合预警指数也同样由 5 个灯区显示，意义同上。

（二）IT 设备制造业生产经营与投资状况

1. 生产保持稳定

2016 年上半年 IT 设备制造业生产保持稳定。经初步季节调整，2016 年第一、第二季度 IT 设备制造业工业增加值均同比增长 8.8%，生产增速保持稳定，且这一增速明显高于全部工业的平均增长水平，如第二季度比全部工业 5.9% 的平均增长水平高 2.9 个百分点。

2. 销售明显回暖

2016 年上半年 IT 设备制造业主营业务收入呈现明显回暖趋势。经初步季节调整，2016 年第一、第二季度 IT 设备制造业主营业务收

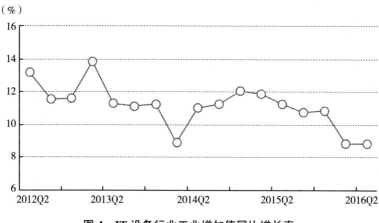

图4 IT设备行业工业增加值同比增长率

入分别为 2.2 万亿元和 2.4 万亿元，同比增长率分别为 2.5%和 8.0%，可见，第二季度增速比第一季度回升了 5.5 个百分点，在连续两个季度下滑后出现了明显回升。销售增速的回升主要与信息化进程加快带动相关 IT 产品需求增加有关。

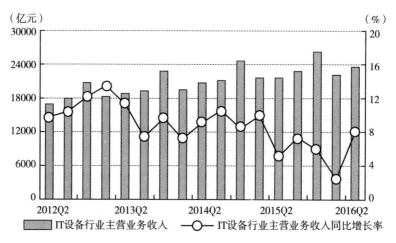

图5 IT设备行业主营业务收入

3. 出口降幅收窄

2016年上半年IT设备制造业出口降幅明显收窄。经初步季节调整，2016年第一、第二季度IT设备制造业出口额分别为808.8亿美元和929.6亿美元，同比下降幅度分别为16.6%和8.2%，可见，第二季度降幅比第一季度明显收窄了8.4个百分点。需要注意的是，IT设备出口已连续5个季度处于下降态势，表明IT设备制造业的国外需求仍较低迷。此外，从IT设备制造业出口交货值来看，经初步季节调整，2016年第二季度IT设备制造业出口交货值同比下降4.0%，降幅也比第一季度收窄了4.5个百分点。

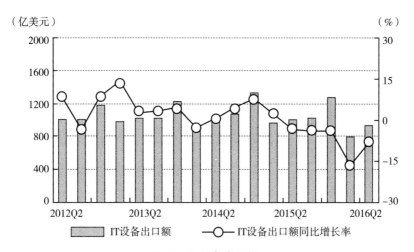

图6　IT 设备出口额

4. 出厂价格温和下跌

2016年上半年IT设备制造业生产者出厂价格呈现温和下跌趋势。经初步季节调整，2016年第一、第二季度IT设备制造业生产者出厂价格同比分别下降1.9%和1.8%，第二季度跌幅比第一季度略缩小0.1个百分点，继续呈现温和下跌态势。

图7 IT设备行业生产者出厂价格同比变动

5. 去库存进程加快

2016年上半年IT设备制造业产成品资金增速明显下降,且明显低于主营业务收入同比增速,表明IT设备制造业去库存进程加快。经初步季节调整,2016年第一、第二季度IT设备制造业产成品资金额分别为2847.9亿元和3038.6亿元,第二季度增速同比下降2.3%,而第一季度为同比增长2.4%。库存同比下降一定程度上与上年同期基数较高有关。此外,2016年第二季度产成品资金增速比主营业务收入增速低10.3个百分点,表明IT设备行业去库存进程进一步加快。

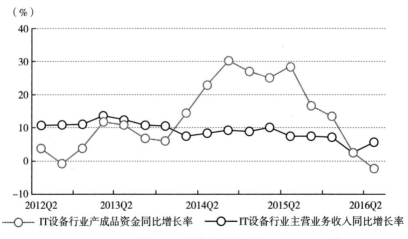

图8 IT设备行业去库存

6. 利润增速持续上升

2016 年上半年 IT 设备制造业利润增速持续上升，利润增长持续加快。经初步季节调整，2016 年第一、第二季度 IT 设备制造业实现利润总额分别为 799.2 亿元和 1333.5 亿元，同比增长率分别为 8.2% 和 16.6%，可见第二季度增速比第一季度上升了 8.4 个百分点。利润增长连续两个季度加快，这在一定程度上与 IT 设备的产品结构升级以及与信息化进程加快带动相关 IT 产品需求增加有关。此外，经测算，2016 年第一、第二季度 IT 设备制造业销售利润率分别为 3.6% 和 5.7%。

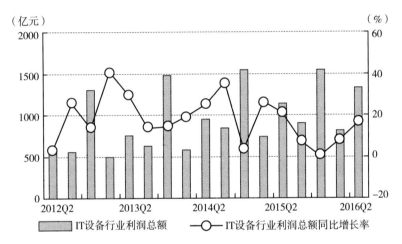

图 9　IT 设备行业利润总额（一）

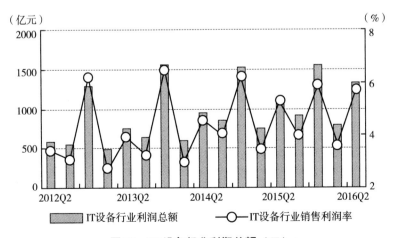

图 10　IT 设备行业利润总额（二）

7. 回款压力依然较大

2016年上半年IT设备制造业应收账款增速虽略有下降，但应收账款增速要明显低于主营业务收入同比增速，企业回款压力依然较大。经初步季节调整，2016年第一、第二季度IT设备制造业应收账款分别为1.5万亿元和1.6万亿元，同比增长率分别为12.7%和12.1%，第二季度增速比第一季度下降了0.6个百分点。应收账款增速虽略有下降，但应收账款增速已连续9个季度明显高于主营业务收入增速，表明IT设备制造企业回款压力仍然较大。此外，经测算，2016年第一、第二季度IT设备制造业应收账款周转天数①分别为65.8天和59.8天。

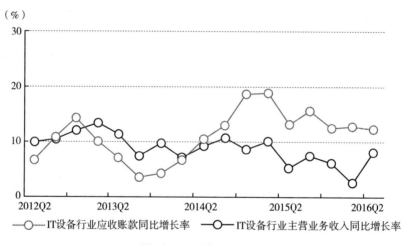

（％）

图11 IT设备行业回款

8. 投资增速大幅下降

2016年上半年IT设备制造业固定资产投资总额呈现温和上涨

---

① 应收账款周转天数：表示应收账款从发生到收回（周转一次）的平均天数。一般来说，应收账款周转天数越短，则资金利用效率越高，反之则越低。计算公式为：90/（季度销售收入/平均应收账款）。

趋势，但投资增速大幅下降。经初步季节调整，2016 年第一、第二季度 IT 设备制造业固定资产投资总额分别为 1465.6 亿元和 2628.6 亿元，同比增长率分别为 21.0%和 5.3%，可见，第二季度增速比第一季度增速大幅下降了 15.7 个百分点。投资增速大幅下降与 2015 年同期基数较高有一定的关系（2015 年同期投资增速高达 24.1%）。

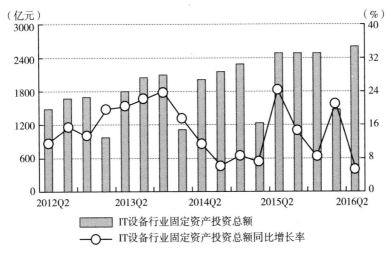

图 12　IT 设备行业固定资产投资总额

9. 用工增速持续下降

2016 年上半年 IT 设备制造业从业人员缓慢增长，但用工增速持续下降，一直维持同比负增长态势。经初步季节调整，2016 年第一、第二季度 IT 设备制造业从业人数分别为 802.7 万人和 808.2 万人，同比下降幅度分别为 5.4%和 6.1%，可见，第二季度降幅比第一季度扩大了 0.7 个百分点。

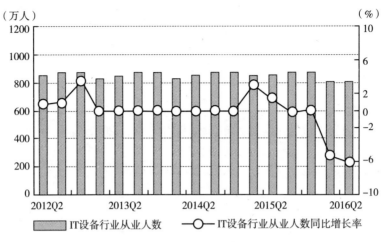

图13 IT设备行业从业人数

二、2016年上半年IT设备制造业运行分析

（一）总体运行情况

总体来看，2016年上半年IT设备制造业景气度稳中略升，预警指数有所下降，但仍继续在"浅蓝灯区"上临界线附近运行，预警灯号没有发生变化。其中，IT设备制造业生产保持稳定；销售明显回暖；出口降幅收窄；出厂价格温和下跌；去库存进程加快；利润增速持续上升；回款压力依然较大；投资增速大幅下降；用工增速持续下降。

（二）运行特点分析

IT设备制造业作为高技术产业，是工业经济增长的强大引擎，是加快工业转型升级及国民经济和社会信息化建设的技术支撑和物质基础，是国民经济的战略性、基础性和先导性产业，是保障国防建设和国家信息安全的重要基石。大力发展 IT 设备制造业符合当前我国经济结构调整和转型升级的要求。

从全球范围来看，电子信息产业是全球竞争的战略重点。由于电子信息产业具有集聚创新资源与要素的特征，因此仍是当前全球创新最活跃、带动性最强、渗透性最广的领域之一，不仅美国、日本、欧盟等主要发达国家和地区将发展电子信息产业提升到国家战略高度，抢占未来技术和产业竞争制高点，巴西、俄罗斯、印度等国家也纷纷着力发展电子信息产业，增长尤为迅猛，竞争在全球范围内更加激烈。可见，在全球大力发展电子信息产业，产业竞争愈演愈烈的背景下，IT 设备制造业仍是全球电子信息产业竞争的重中之重。

"十二五"时期，IT 设备制造业抓住国家经济社会发展和国际产业转移的重大机遇，克服了国际金融危机带来的不利影响，积极推进结构调整，着力加强自主创新，实现了产业的稳步增长，对经济社会发展的支撑引领作用愈加凸显。当前，我国 IT 设备制造大国的地位进一步巩固，总体实力跃上新台阶，但是产业发展的深层次问题和结构性矛盾依然突出，主要表现为：关键核心技术受制于人，产业总体上仍处于价值链中低端，代工制造和加工贸易所占比重较高，研发投入强度与发达国家相比尚有差距，资源配置较为分散，产业政策环境亟待完善，内需带动机制尚未健全等。这些问题和矛盾制约着我国 IT 制造业由大变强，也促使我国 IT 设备制造业调结构、转方式、增强产业核心竞争力、提升产业发展质量效益。

2016 年上半年，IT 设备制造业运行主要呈现如下特点：一是产销状况良好，生产增长基本平稳，在市场需求回暖的带动下，销售增速明显回升，库存出现下降，去库存进程加快；二是效益提升较为明显，利润增速持续上升；三是企业回款压力仍然较大，并且用工继续减少。

三、行业前瞻与对策建议

（一）IT 设备制造业景气指数预测

2016 年下半年，IT 设备制造业景气指数或将呈现明显回升趋势，有望从偏冷的"浅蓝灯区"向正常的"绿灯区"迈进，且企业家对未来行业发展走势的判断比较乐观。

经模型测算，2016 年第三季度和第四季度中经 IT 设备制造业景气指数分别为 94.7 和 94.8，分别比第二季度高出 0.1 点和 0.2 点；2016 年第三季度和第四季度中经 IT 设备制造业预警指数分别为 80.0 和 83.3，第三季度与第二季度预警指数持平，但第四季度比第二季度高出 3.0 点。

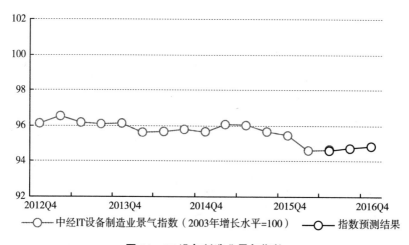

图 14 IT 设备制造业景气指数

与此同时，企业家对未来行业发展走势的判断比较乐观。2016 年第二季度接受调查的 IT 设备制造业企业中，80.4% 的企业订货量

"高于正常"或"正常",比第一季度高出 3.7 个百分点；90.9%的企业用工需求"增加"或"持平",比第一季度高出 0.5 个百分点；80.1%的企业投资"增加"或"持平",比第一季度高出 1.5 个百分点。此外,2016 年第二季度 IT 设备制造业企业景气调查结果显示,企业家对 2016 年第三季度企业经营状况预测的预期指数为 118.8,比对第二季度企业经营状况判断的即期指数高 5.6 点。

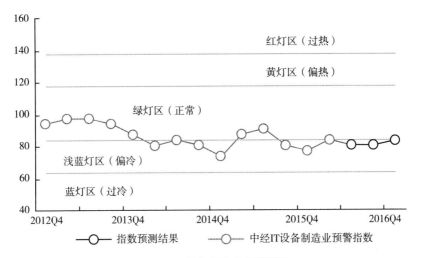

图 15　IT 设备制造业预警指数

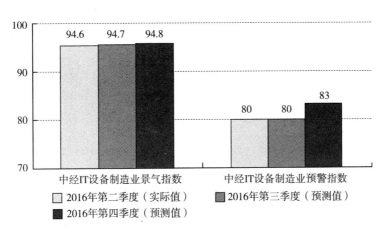

图 16　IT 设备制造业模型预测

（二）2016年下半年行业前景展望

从IT设备制造业国内外发展环境来看，2016年下半年IT设备制造业发展机遇与挑战并存，总体上或将呈现平稳运行的态势。

从国外发展环境来看，一方面，国际市场规模稳步扩大，新产品、新应用不断涌现，产业发展空间更为广阔；另一方面，世界经济依旧处于危机后的弱复苏时期，全球贸易仍然低迷，出口需求能否实现正增长有待进一步观察。

从国内发展环境来看，一方面，我国当前虽处于增速放缓、结构升级和动力转换的经济新常态，但我国经济发展长期向好的基本面没有变，仍将保持平稳较快发展，同时也面临着下行压力依旧较大，周期性矛盾和结构性矛盾相互叠加，短期问题和长期问题相互交织等问题，产业发展将面临更加复杂的形势；另一方面，国家信息化建设全面深化，城镇化进程持续加速，市场化进程不断提升，居民收入持续增长，为产业发展提供了新动力、新方向，IT产品是市场消费热点，需求相对较为旺盛，有望继续上升。此外，从宏观政策来看，出台大规模刺激政策的可能性较小，但在供给侧改革的推动下，行业库存有望持续下降，生产成本也有望不断降低。

与此同时，我们也看到，随着我国电子信息产业发展质量和技术水平的提升，外部的战略竞争将日趋激烈，IT设备制造业发展也面临严峻挑战，生产成本不断上升，资源和环境承载力不断下降，周边国家和地区同质化竞争日益激烈，国际贸易保护势力抬头，以知识产权、低碳保护、产品安全为代表的技术性贸易限制措施被广泛使用，这些都对我国IT设备制造业持续稳定发展造成了一定的压力和挑战。

综合来看，2016年下半年IT设备制造业或将继续保持平稳运行，但在供给侧结构性改革深入推进的背景下，IT设备制造业结构调整、转型升级和实现提质增效的任务依然艰巨。

（三）行业发展对策建议

1. 积极推进线上线下销售平台融合

当前互联网技术的飞速发展催生了各类行业生产和销售的新模式，使得众多消费类行业销售出现了线上和线下两个市场。其中，IT设备产品是网络销售的热点产品，受到了消费者的广泛青睐。因此，要充分利用线上消费具有的不受时空限制、交易品类主体容量大、交流互动和精准营销等优势，创新管理服务体制，建立与电子商务相适应的体制机制，鼓励商业模式创新，增强与消费者互动，发展服务式消费，提高协作水平。

2. 积极布局三、四线城市和农村市场

我国正处于新型城镇化发展的重要时期，面对大城市市场的日益饱和，三、四线城市及广大农村地区将成为IT产品需求的下一个增长点。应通过多种渠道，将线上和线下销售有机结合，充分利用三、四线城市和农村市场，提高区域市场占有率，赢得竞争先机。同时，应加速拓展欠发达以及偏远地区市场渠道，完善销售网络、物流网络布局，为当前和拓展未来市场拓展打下基础。

3. 借消费升级增强品牌国际竞争力

当前，IT设备制造业的国外需求出现较大幅度下降，严重制约了总体需求的增长，也拉低了行业的景气度。因此，要充分利用消费结构升级的机遇，掌握消费者对于产品需求的新特点和新趋势，实现产品的多样化、多功能和稳定可靠。在这些方面，我国与国际先进水平相比仍然存在差距，提升产品的技术含量和品牌效应将是未来IT设备制造业竞争的重点之一。因此，应在生产的各个环节上，严把质量关，做到精细化生产，以此提高产品可靠性，增强品牌的国际竞争

力，提振出口需求。

4. 大力发展智能制造提高生产效率

在我国劳动力"红利"逐步消失的背景下，IT设备制造业也面临着重要转型，对于人力的需求将逐渐减小，而对于机器和技术的需求将不断加大。其中，机器人的广泛使用为IT设备制造业生产效率的提升提供了难得的机遇。因此，应通过国外技术引进和自主研发相结合，大力提升机器替代人力的水平，真正做到智能制造，以此提高企业的生产效率。

5. 加强创新驱动夯实产业发展基础

IT行业基本属于完全竞争行业，价格提升空间有限。与此同时，我国人口红利逐渐减弱，人工成本大幅上升，这在一定程度上削弱了行业的盈利能力。因此，要应以创新驱动提升行业制造的智能化程度，应通过国外技术引进和自主研发相结合，大力提升机器替代人力的水平，避免缓解人工成本上升带来的不利影响，降低生产成本，进而扩大企业的利润空间。

6. 加强国际化布局提升国际话语权

积极推动企业"走出去"，鼓励企业通过国际并购和国际研发团队引入获取高新技术，建立健全全球研发、生产和营销体系，加强国际资源利用，提升产业国际化布局和运营能力，扩大自主品牌国际影响力。充分发挥企业、协会、标准化组织等多方力量，积极参与国际技术合作研发、标准制度修订，加强专利合作，建立多层次、多渠道的沟通交流合作机制，提升产业国际话语权。

执笔人：朱承亮

中经产业景气指数医药行业
2016 年上半年分析

一、2016 年上半年医药行业运行状况[①]

（一）医药行业景气状况

1. 景气指数明显上升

2016 年上半年中经医药产业[②]景气指数（2003 年增长水平 =
100[③]）呈现明显上升趋势。经初步季节调整，2016 年第一、第二季
度中经医药产业景气指数分别为 96.5 和 97.3[④]，第二季度比第一季

---

① 本部分的数据分析主要基于中经产业指数 2016 年第一至第二季度报告。
② 医药产业包含医药制造业和医药制品制造业两个大类行业。
③ 2003 年医药产业的预警灯号基本上在"绿灯区"，相对平稳，因此定为××××产业
景气指数的基年。
④ 根据景气预警指数体系运算方法，行业景气指数、行业预警指数及预警灯号的构
成指标要经过季节调整，剔除季节因素对数据的影响，在对包含当期数据的时间序列进行
季节调整时，历史数据的季节调整结果也将发生变化，因此行业景气指数、预警指数及预
警灯号发布当期数据时，前期数据也会进行调整。

度上升了0.8点。2014年以来，中经医药产业景气指数延续了平稳运行态势，表明医药行业运营状况较为良好。

在进一步剔除随机因素①后，2016年上半年中经医药产业景气指数呈现下降趋势，且低于未剔除随机因素的景气指数。剔除随机因素后，2016年第一、第二季度中经医药产业景气指数分别为95.7和95.3，第二季度比第一季度下降了0.4点，分别比未剔除随机因素的医药产业景气指数低0.8点和2点，可见，第二季度差值比第一季度扩大了1.2点，表明政策性等外部因素对医药行业产生了一定的支撑作用。

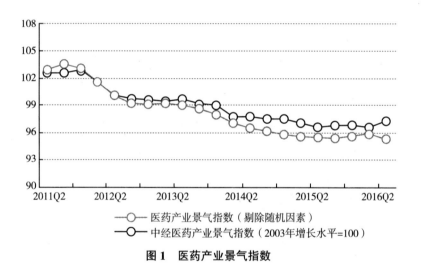

图1　医药产业景气指数

2. 预警指数明显回升

2016年上半年中经医药产业预警指数呈现明显回升趋势。经初步季节调整，2016年第一、第二季度中经医药产业预警指数分别为86.7和100.0，第二季度比第一季度上升了13.3点，回升至"绿灯区"中心线运行，表明医药行业在转型升级中延续了积极向好的发展态势。

---

① 随机因素亦称不规则性，如新政策实施、宏观调控、自然灾害等因素对数据的影响。

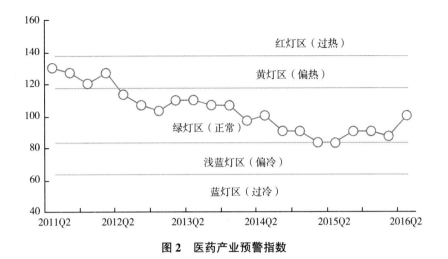

图2 医药产业预警指数

指标名称	2013年		2014年				2015年				2016年	
	3	4	1	2	3	4	1	2	3	4	1	2
医药行业工业增加值	黄	黄	黄	黄	绿	绿	绿	绿	绿	绿	蓝	绿
医药行业生产者出厂价格指数	绿	绿	绿	绿	绿	绿	绿	绿	绿	绿	绿	绿
医药行业固定资产投资	黄	绿	绿	绿	绿	绿	绿	蓝	蓝	蓝	蓝	绿
医药行业出口交货值	绿	蓝	蓝	蓝	绿	绿	蓝	绿	绿	绿	绿	绿
医药行业主营业务收入	黄	黄	绿	绿	绿	绿	绿	蓝	绿	绿	绿	绿
医药行业利润总额	绿	绿	绿	绿	绿	绿	绿	绿	绿	绿	绿	绿
医药行业销售利润率	绿	绿	黄	黄	绿	绿	绿	黄	黄	黄	黄	黄
医药行业从业人数	绿	绿	绿	绿	绿	绿	绿	绿	绿	绿	绿	蓝
医药行业产成品资金（逆转）	绿	黄	绿	绿	绿	蓝	蓝	绿	绿	绿	绿	绿
医药行业应收账款（逆转）	蓝	蓝	蓝	绿	绿	绿	绿	绿	绿	绿	绿	绿
预警指数	绿	绿	绿	绿	绿	绿	绿	绿	绿	绿	绿	绿
	107	107	97	100	90	90	83	83	90	90	87	100

图3 医药产业预警指数指标

★灯号图说明：预警灯号图采用交通信号灯的方式对描述行业发展状况的一些重要指标所处的状态进行划分：红灯表示过快（过热），黄灯表示偏快（偏热），绿灯表示正常（稳定），浅蓝灯表示偏慢（偏冷），蓝灯表示过慢（过冷）；并对单个指标灯号赋予不同的分值，将其汇总而成的综合预警指数也同样由5个灯区显示，意义同上。

从灯号变化看，在构成中经医药产业预警指数的 10 个指标（仅剔除季节因素①，保留随机因素）中，2016 年上半年仅 4 个指标的灯号发生了变化，即工业增加值、固定资产投资、主营业务收入、利润总额均由"浅蓝灯区"上升至"绿灯区"，其余指标②的灯号均没有发生变化。

（二）医药行业生产经营与投资状况

1. 生产增长明显加快

2016 年上半年医药行业产量呈现明显加快趋势。经初步季节调整③④，2016 年第一、第二季度医药行业工业增加值同比分别增长 8.0%

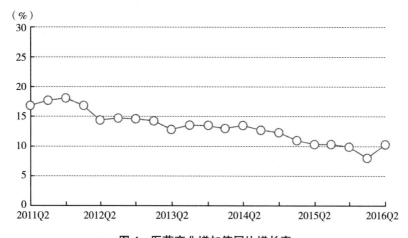

图 4 医药产业增加值同比增长率

---

① 季节因素是指四季更迭对数据的影响，如冷饮的市场销量随四季气温年复一年发生周期变动。

② 逆转指标也称反向指标，其指标值越低，行业状况越好，反之则相反。

③ 初步季节调整指原始数据仅剔除春节等节假日因素的影响，未剔除不规则要素的影响。

④ 季度说明：本报告所有财务绩效数据第一季度是指 1~2 月数据（流量指标加上了近似上年 12 月的数据，并做了初步季节调整，仅剔除了春节因素的影响）；上年第二季度是指 3~5 月；上年第三季度是指 6~8 月；上年第四季度是指 9~11 月。其他宏观指标如产量、投资、外贸、价格指数，如无特别说明，季度划分同上所述。

和10.2%，第二季度比第一季度上升了2.2个百分点，且第二季度增速比规模以上工业增加值增速高出4.3个百分点，在各工业大类中位居前列。

2. 销售保持较快增长

2016年上半年医药行业主营业务收入呈现较快增长趋势。经初步季节调整，2016年第一、第二季度医药行业主营业务收入分别为6571.8亿元和6969.9亿元，同比增长率分别为8.0%和12.4%，第二季度增速比第一季度上升了4.4个百分点，在全部工业中位居前列。

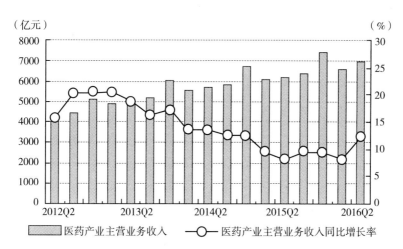

图5 医药产业主营业务收入

3. 出口明显加快

2016年医药行业出口明显加快。经初步季节调整，2016年第一、第二季度医药行业出口交货值分别为194.8亿元和577.6亿元，同比增长率分别为6.6%和8.3%，第二季度增速比第一季度上升了1.7个百分点。在全部工业出口较为疲软的背景下，医药行业仍能保持较快增长，体现了医药行业具有一定的竞争优势。

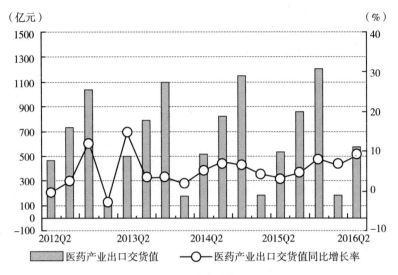

图6 医药产业出口

4. 出厂价格温和上涨

2016年上半年医药行业生产者出厂价格呈现温和上涨趋势。经初步季节调整，2016年第一、第二季度医药行业生产者出厂价格同比分别上涨0.4%和0.3%，第二季度涨幅比第一季度略微下降了0.1个百分点。医药行业价格长期保持温和上涨状态，表明市场需求相对平稳，运行态势良好。

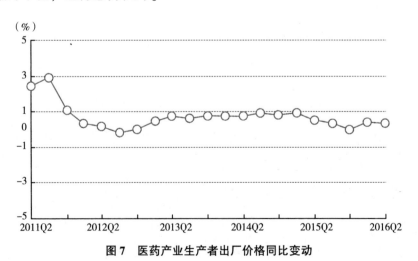

图7 医药产业生产者出厂价格同比变动

5. 库存增速有所下降

2016 年上半年医药行业库存增速有所下降。经初步季节调整，2016 年第一、第二季度医药行业产成品资金分别为 1215.2 亿元和 1253.1 亿元，同比增速分别为 13.0% 和 10.2%，第二季度增速比第一季度增速下降了 2.8 个百分点。且在 2016 年第二季度呈现医药行业产成品资金增速低于销售收入增速的情形，表明医药行业产成品库存处于正常状态。

（%）

——○—— 医药产业产成品资金同比增长率　——●—— 医药产业主营业务收入同比增长率

图 8　医药产业去库存

6. 利润保持较快增长

2016 年上半年医药行业利润保持较快增长。经初步季节调整，2016 年第一、第二季度医药行业利润总额分别为 673.8 亿元和 778.0 亿元，同比增长率分别为 10.1% 和 19.6%，第二季度增速比第一季度增速上升了 9.5 个百分点。经测算，2016 年第一、第二季度医药行业销售利润率分别为 10.3% 和 11.2%，明显高于全部工业平均销售利润率。近年来，医药行业销售利润率基本保持在 10% 左右，表明医药行业盈利能力较强。

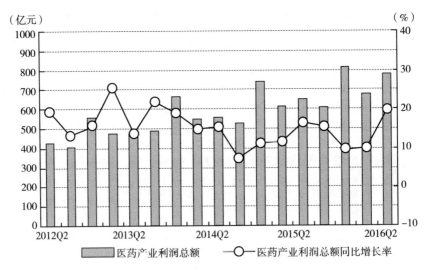

图9 医药产业利润总额（一）

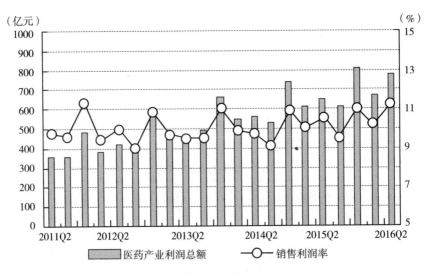

图10 医药产业利润总额（二）

7. 应收账款温和上涨

2016年上半年医药行业应收账款温和上涨。经初步季节调整，2016年第一、第二季度医药行业应收账款分别为2956.7亿元和3143.2亿元，同比增长率分别为10.9%和11.7%，第二季度增速比第一季度上升了 0.8 个百分点。经测算，2016 年第一、第二季度医药行业应收账款平均周转天数①分别为 40.0 天和 39.4 天。

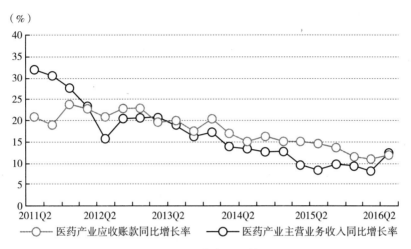

（%）

—○— 医药产业应收账款同比增长率　—●— 医药产业主营业务收入同比增长率

图 11　医药产业回款

8. 投资增速明显加快

2016 年上半年医药行业固定资产投资增速明显加快。经初步季节调整，2016 年第一、第二季度医药行业固定资产投资总额分别为 1539.7 亿元和 1979.4 亿元，同比增长率分别为 10.2% 和 17.7%，第二季度增速比第一季度增速上升了 7.5 个百分点。这表明在需求较快增长的带动下，医药企业投资意愿较强。

9. 用工增速有所回升

2016 年上半年医药行业从业人员缓慢增长，用工增速有所回升。经初步季节调整，截至 2016 年第一、第二季度末，医药行业从业人数分别为 215.9 万人和 219.2 万人，同比增长率分别为 2.0% 和

---

①　应收账款周转天数：表示应收账款从发生到收回（周转一次）的平均天数。一般来说，应收账款周转天数越短，则资金利用效率越高，反之则越低。计算公式为：90/（季度销售收入/平均应收账款）。

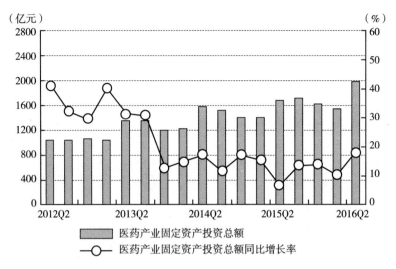

图 12　医药产业固定资产投资总额

2.5%，第二季度增速比第一季度增速提高了 0.5 个百分点。在销售收入和利润总额保持较快增长的态势下，医药企业的用工需求稳中有升。

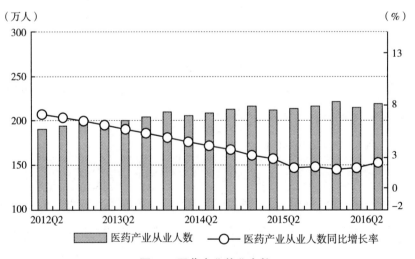

图 13　医药产业从业人数

二、2016 年上半年医药行业运行分析

（一）总体运行情况

总体来看，2016 年上半年医药行业景气度明显上升，预警指数明显回升，回升至"绿灯区"中心线运行，表明医药行业在转型升级中延续了积极向好的发展态势。其中，生产增长明显加快；销售保持较快增长；出口明显加快；出厂价格温和上涨；库存增速有所下降；利润保持较快增长；应收账款温和上涨；投资增速明显加快；用工增速有所回升。

（二）运行特点分析

医药产业是支撑发展医疗卫生事业和健康服务业的重要基础，是具有较强成长性、关联性和带动性的朝阳产业，在惠民生、稳增长方面发挥了积极作用。大力发展医药产业，对于深化医药卫生体制改革、推进健康中国建设、培育经济发展新动力具有重要意义。根据中国医药工业信息中心发布的中国医药行业经济运行指数，医药制造业景气指数较高，前景乐观，具有抗经济波动的特征。

当前，全球医药科技发展突飞猛进，医药产业深刻调整变革，人民群众的健康需求持续增长，都对医药产业转型升级提出了迫切要求。改革开放以来，随着人民生活水平的改善，我国居民对健康问题日益重视，医疗卫生服务需求显著提高，国内医药行业保持快速增长。预计到 2020 年，我国将成为仅次于美国的全球第二大药品市场，占全球医药市场的份额有望达到 7.5%。近年来，我国医药产业取得长足发展，产业规模快速增长，供给能力显著增强，但仍面临自

主创新能力不强、产业结构不合理、市场秩序不规范等问题。

2016年上半年，在相关稳增长政策和供给侧结构性改革持续发力的背景下，医药行业景气延续了积极向好的发展态势，行业发展呈现如下主要特点：

1. 生产增长明显加快

根据工信部消费品工业司数据，2016年1~4月，规模以上医药工业增加值同比增长9.6%，高于工业整体增速3.8个百分点。医药工业增加值在整体工业中所占比重为3.3%。

2. 销售保持较快增长

根据工信部消费品工业司数据，2016年1~4月，医药工业规模以上企业实现主营业务收入8679.23亿元，同比增长10.4%，高于全国工业整体增速8.1个百分点。

3. 利润保持较快增长

根据工信部消费品工业司数据，2016年1~4月，医药工业规模以上企业实现利润总额576.78亿元，同比增长16.3%，高于全国工业整体增速9.8个百分点。

4. 出口明显加快

根据工信部消费品工业司数据，2016年1~4月，医药工业规模以上企业实现出口交货值585.56亿元，同比增长6.48%，增速较上年同期增长1.96个百分点。

三、行业前瞻与对策建议

（一）医药行业景气指数预测

2016年下半年，中经医药行业景气指数或将呈现进一步温和上升趋势，但仍将继续在"绿灯区"运行，且企业家对未来行业发展走势的判断较为乐观，总体来讲，2016年下半年医药产业将保持平稳增长的运行态势。

经模型测算，2016年第三季度和第四季度中经医药产业景气指数均为97.5，比第二季度高出0.2点；2016年第三季度和第四季度中经医药产业预警指数均为100.0，与第二季度持平，将继续在"绿灯区"中心线上运行。

与此同时，企业家对未来行业发展走势的判断较为乐观。预计2016年第三季度医药产业的下游需求将保持稳定：订货"持平"的企业占比为84.4%，订货"增加"的企业占比为4.3%，订货"减少"的企业占比为11.3%；医药企业的用工需求规模或将在第三季度小幅扩张：用工计划"持平"的企业占比为83.5%，用工预期"增加"的企业占比为9.6%，高于"减少"企业6.9%的比重；医药企业的投资意愿或将在第三季度有所减弱：投资计划"持平"的企业占69.2%，投资需求"增加"的企业占比为13.5%，投资需求"减少"的企业占比为17.3%。此外，2016年第二季度医药企业景气

图14　医药产业景气指数

调查结果显示，企业家对于第三季度医药产业的预期水平保持稳定，反映医药产业企业家对2016年第三季度企业经营状况预测的预期指数为132.5，高于工业平均水平21.5点，比对第二季度企业经营状况判断的即期指数高2.1点。

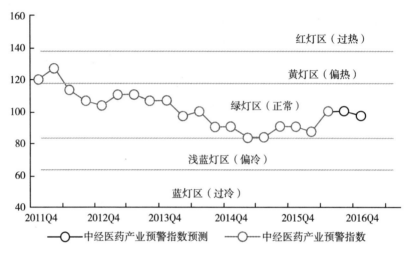

图15 医药产业预警指数预测

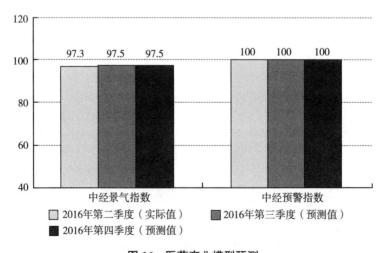

图16 医药产业模型预测

（二）2016 年下半年行业前景展望

近年来，国家加强了对医药行业的管控，出台了医保控费、药占比控制、创新药上市审批时间缩短等一系列政策，使处于竞争加剧过程中的医药行业呈现阶段性放缓趋势，迫使医药企业不得不放缓脚步，调整应对措施。一方面，可以扭转医药行业长期以来粗放式发展的局面，提升发展质量；另一方面，可以使医药行业促进技术沉淀，革新业务模式，增加企业参与市场竞争的砝码。

当前，医药行业逐步进入转型升级的结构调整期，如何抓住增速放缓的机遇，加快转型升级是医药行业未来发展面临的重要课题。为促进医药产业健康发展，在 2016 年的"十三五"开局之年，国家相继出台了一系列改革措施。2016 年 2 月 14 日，李克强总理主持召开了国务院常务会议，部署推动医药产业创新升级，更好服务惠民生稳增长，确定进一步促进中医药发展措施，发挥传统医学优势造福人民。为推动提升我国医药产业核心竞争力，促进医药产业持续健康发展，2016 年 3 月国务院办公厅颁布了《关于促进医药产业健康发展的指导意见》，指出要推动医药产业智能化、服务化、生态化，实现产业中高速发展和向中高端转型，不断满足人民群众多层次、多样化的健康需求。为顺应新兴信息技术发展趋势，规范和推动健康医疗大数据融合共享、开放应用，2016 年 6 月国务院办公厅印发了《关于促进和规范健康医疗大数据应用发展的指导意见》，部署通过"互联网+健康医疗"探索服务新模式、培育发展新业态，努力建设人民满意的医疗卫生事业，为打造健康中国提供有力支撑。为深入推进医疗服务价格改革，2016 年 7 月，国家发改委会同国家卫生计生委、人力资源社会保障部、财政部颁布了《关于印发推进医疗服务价格改革意见的通知》，对医疗服务价格实行分类管理。

随着国家上述相关改革措施的不断落实，预计 2016 年下半年医药行业仍将保持平稳增长运行态势。

（三）行业发展对策建议

1. 优化产业结构，提升集约发展水平

当前我国医药企业的规模普遍偏小、产品同质化严重。应加大企业组织结构调整力度，推进企业跨行业、跨领域兼并重组，支持医药和化工、医疗器械和装备、中药材和中成药、原料药和制剂、生产和流通企业强强联合，形成上下游一体化的企业集团，真正解决小、散、乱问题。应以行业龙头企业为主，联合产品和技术相近的创新型企业、科研院所等单位，采取资金注入、技术入股等合作形式，组建产业联盟或联合体。发挥骨干企业资金、技术等优势，加强生产要素有效整合和业务流程再造，强化新产品研发、市场营销和品牌建设；发挥中小企业贴近市场、机制灵活等特点，发展技术精、质量高的医药中间体、辅料、包材等配套产品，形成大中小企业分工协作、互利共赢的产业组织结构。推动医药产业规模化、集约化、园区化，创建一批管理规范、环境友好、特色突出、产业关联度高的产业集聚区。引导有条件的地区，统筹利用当地医疗、中医药、生态旅游等优势资源，发挥旅游市场作用，开发建设一批集养老、医疗、康复与旅游于一体的医药健康旅游示范基地，进一步健全社会养老、医疗、康复、旅游服务综合体系。

2. 加强技术创新，提高核心竞争力

相对于发达国家医药企业来说，我国医药企业的研发投入严重不足，这在很大程度上限制了我国医药企业的科技发展和创新能力，导致国内医药企业只能依靠大量的仿制药寻找生存空间。这与很多单位受短期利益驱使，不愿意开展药物作用原理及新药有效成分的深入研

究有关，从而导致产品技术含量低，定性定量分析不够，影响了我国医药产业的持续发展和国际竞争力。因此，医药行业应聚焦于突破核心关键技术，加强技术创新，促进创新能力提升，增强产业核心竞争力。加大科技体制改革力度，完善政产学研用的医药协同创新体系。加强原研药、首仿药、中药、新型制剂、高端医疗器械等创新能力建设，优化科技资源配置，打造布局合理、科学高效的科技创新基地。运用数据库、计算机筛选、互联网等信息技术，建设医药产品技术研发、产业化、安全评价、临床评价等公共服务平台。积极发展众创空间，大力推进大众创新创业，培育一批拥有特色技术、高端人才的创新型中小企业，推动研发外包企业向全过程创新转变，提高医药新产品研制能力。

3. 深化对外合作，扩展国际发展空间

加快开发国际新兴医药市场，调整优化医药产品出口结构。加强中医药对外文化交流，提高国际社会认知度，增强中药国际标准制定话语权，推动天然药物、中成药等医药产品出口。鼓励推动国内医药企业建设符合国际质量规范的生产线，提高国际化生产经营管理水平。鼓励国内医药企业申请国外专利，形成有效的国外专利布局。贯彻落实"一带一路"战略，着眼全球配置资源，加快"走出去"步伐，加快国际合作步伐。采用多种合作形式，推动医药优势企业开展境外并购和股权投资、创业投资，建立海外研发中心、生产基地、销售网络和服务体系，获取新产品、关键技术、生产许可和销售渠道，加快融入国际市场，创建一批具有国际影响力的知名品牌。推动跨国公司在华建设高水平的医药研发中心、生产中心、采购中心，加快产业合作由加工制造环节向研发设计、市场营销、品牌培育等高附加值环节延伸，提高国际合作水平。

执笔人：朱承亮

中经产业景气指数服装行业
2016 年上半年分析

一、2016 年上半年服装行业运行状况[①]

（一）服装行业景气状况

1. 景气指数平稳运行

2016 年上半年中经服装产业[②]景气指数延续平稳运行的态势。经初步季节调整，2016 年第一、第二季度中经服装产业景气指数均为 96.2[③]（2003 年增长水平＝100[④]）。

---

① 本部分的数据分析主要基于中经产业指数 2016 年第一至第二季度报告。

② 服装产业包括纺织服装、服饰业 1 个大类行业。

③ 根据景气预警指数体系运算方法，行业景气指数、行业预警指数及预警灯号的构成指标要经过季节调整，剔除季节因素对数据的影响，在对包含当期数据的时间序列进行季节调整时，历史数据的季节调整结果也将发生变化，因此行业景气指数、预警指数及预警灯号发布当期数据时，前期数据也会进行调整。

④ 2003 年服装产业的预警灯号基本上在"绿灯区"，相对平稳，因此定为服装产业景气指数的基年。

在进一步剔除随机因素①后，2016 年第一、第二季度中经服装产业景气指数分别为 95.3 和 95.1，呈现略有下降趋势，且低于未剔除随机因素的景气指数，两者之差略有扩大，表明稳增长的相关政策对服装行业运行起到了一定的支撑作用。

图 1　服装产业景气指数

2. 预警指数略有下降

2016 年上半年中经服装产业预警指数呈现略有下降趋势。2016 年第一、第二季度中经服装产业预警指数分别为 70 和 66.7，第二季度比第一季度下降 3.3 点，连续 5 个季度在下降。尽管预警指数呈现下降趋势，但 2016 年上半年服装产业仍一直处于偏冷的"浅蓝灯区"运行，预警灯号没有发生显著变化。

———————

　　①　随机因素亦称不规则性，如新政策实施、宏观调控、自然灾害等因素对数据的影响。

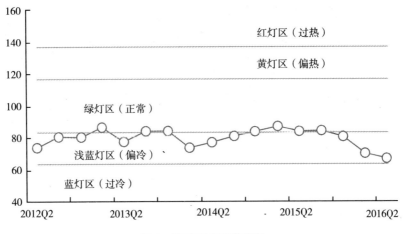

图2　服装产业预警指数

指标名称	2013 年		2014 年				2015 年				2016 年	
	3	4	1	2	3	4	1	2	3	4	1	2
服装产量	蓝	蓝	蓝	蓝	蓝	蓝	蓝	蓝	蓝	蓝	蓝	蓝
服装行业利润总额	蓝	蓝	蓝	蓝	蓝	蓝	蓝	蓝	蓝	蓝	蓝	蓝
服装行业主营业务收入	蓝	蓝	蓝	蓝	蓝	蓝	蓝	蓝	蓝	蓝	蓝	蓝
服装行业销售利润率	绿	绿	绿	绿	绿	黄	绿	绿	绿	绿	黄	绿
服装行业从业人数	蓝	蓝	蓝	蓝	蓝	蓝	蓝	蓝	蓝	蓝	蓝	蓝
服装行业固定资产投资总额	绿	绿	绿	绿	绿	绿	绿	绿	绿	绿	蓝	蓝
服装行业生产者出厂价格指数	绿	绿	绿	绿	绿	绿	绿	绿	绿	绿	绿	绿
服装出口额	绿	绿	绿	绿	绿	绿	绿	蓝	蓝	蓝	蓝	蓝
服装行业产成品资金（逆转）	黄	黄	绿	绿	绿	黄	**红**	**红**	黄	黄	黄
服装行业应收账款（逆转）	黄	红	红	黄	红	红	红	红	红	红	绿	绿
预警指数	绿	绿	蓝	蓝	蓝	绿	绿	绿	绿	蓝	蓝	蓝
	83	83	73	77	80	83	87	83	83	80	70	67

图3　服装产业预警指数指标

★灯号图说明：预警灯号图采用交通信号灯的方式对描述行业发展状况的一些重要指标所处的状态进行划分：红灯表示过快（过热），黄灯表示偏快（偏热），绿灯表示正常（稳定），浅蓝灯表示偏慢（偏冷），蓝灯表示过慢（过冷）；并对单个指标灯号赋予不同的分值，将其汇总而成的综合预警指数也同样由 5 个灯区显示，意义同上。

　　从灯号变化看，在构成中经服装产业预警指数的 10 个指标（仅剔除季节因素①，保留随机因素）中，2016 年上半年，仅利润总额、销售利润率和出口额三个指标的灯号发生了变化，其他指标②的灯号均维持不变。其中，利润总额由"浅蓝灯"降为"蓝灯"，销售利润率由"黄灯"降为"绿灯"，出口额由"蓝灯"升为"浅蓝灯"。

（二）服装行业生产经营与投资状况

1. 生产低速增长

　　2016 年上半年服装行业产量呈现低速增长趋势。经初步季节调整③，2016 年第一季度服装产业产量为 62.1 亿件，同比增长 1.9%；2016 年第二季度服装产业产量为 74.4 亿件，同比增长 1.7%，增速比第一季度下降了 0.2 个百分点。

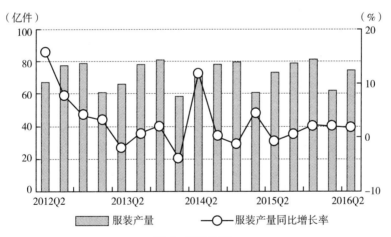

图 4　服装产量

---

　　①　季节因素是指四季更迭对数据的影响，如冷饮的市场销量随四季气温年复一年发生周期变动。

　　②　逆转指标也称反向指标，其指标值越低，行业状况越好，反之则相反。

　　③　初步季节调整指原始数据仅剔除春节等节假日因素的影响，未剔除不规则要素的影响。

2. 销售明显下滑

2016年上半年服装行业主营业务收入呈现明显下滑趋势，表明服装市场总体需求仍然较为低迷。经初步季节调整，2016年第一季度服装产业主营业务收入为5492.6亿元，同比增长6.0%；2016年第二季度服装产业主营业务收入为5375.0亿元，同比增长5.8%，增速比第一季度下降0.2个百分点。可见，无论从主营业务收入还是从其同比增长率来看，2016年上半年服装行业销售均呈现明显下滑趋势。但也应该看到，自2015年第二季度以来，服装行业主营业务收入增速基本维持在6%左右，保持了平稳增势，这在一定程度上说明服装行业的国内外需求增长仍保持相对稳健。

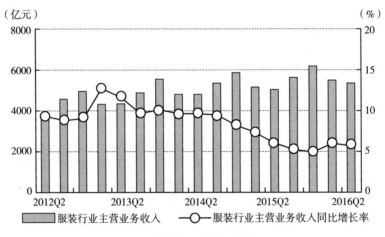

图5　服装行业主营业务收入

3. 出口增速由降转增

2016年上半年服装行业出口增速由降转增。经初步季节调整，2016年第一季度服装行业出口额为424.5亿美元，同比下降16.7%，降幅比2015年第四季度扩大5.8个百分点，表明服装行业国外需求仍较低迷，出口低迷一定程度上与世界经济弱复苏以及我国劳动力成本上升导致的竞争力下降，订单减少等因素有关。而2016年第二季度服装出口额为331.6亿美元，同比增长8.8%，这是服装出口在连续4个季度下降后出现的增长，这一方面与对中国香港和俄罗斯出口的大幅增长有关；另一方面与上年同期基数较低也有一定关系。中国纺织品进出口商会数据显示，1~5月，我国对香港地区和俄罗斯服装出口额同比增长分别为35.3%和14.9%，对美国和欧洲服装出口额则有所下降。

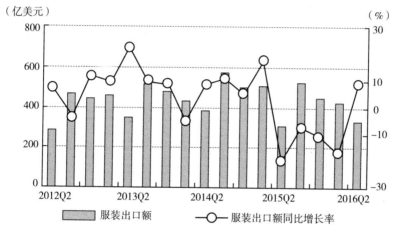

图6　服装出口额

4. 出厂价格温和上涨

2016年上半年服装行业生产者出厂价格呈现温和上涨趋势。经初步季节调整，2016年第一季度服装行业生产者出厂价格同比上涨0.3%，2016年第二季度服装行业生产者出厂价格同比上涨0.5%，涨幅比上季度上升0.2个百分点，继续保持温和上涨态势。

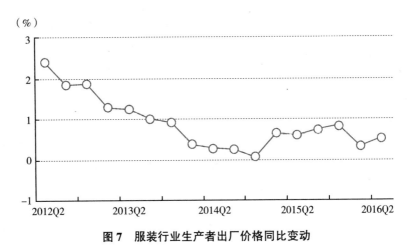

（%）

图7　服装行业生产者出厂价格同比变动

5. 库存压力明显加大

2016年上半年服装行业库存压力明显加大。经初步季节调整，2016年第一季度服装行业产成品资金为906.7亿元，同比增长6.3%；2016年第二季度服装行业产成品资金为959.0亿元，同比增长7.4%，增速比第一季度上升1.1个百分点。且在2016年第二季度，服装行业库存增速高于主营业务收入1.6个百分点，已连续3个季度高于主营业务收入增速。

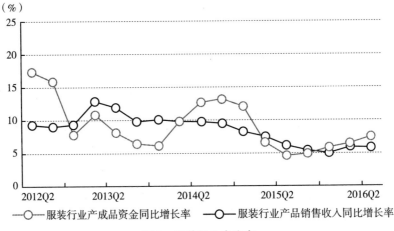

（%）

○— 服装行业产成品资金同比增长率　　—○— 服装行业产品销售收入同比增长率

图8　服装行业去库存

6. 利润增速有所放缓

2016年上半年服装行业利润增速呈现放缓趋势。经初步季节调整，2016年第一季度服装行业实现利润总额296.2亿元，同比增长11.5%，增速比2015年第四季度上升8.8个百分点，在连续5个季度的增速下降后出现明显回升。而2016年第二季度服装行业实现利润总额下降为281.2亿元，同比增长率下降为4.6%，增速比第一季度下降了6.9个百分点。利润增速的下降与上游原材料成本上升有关。数据显示，2016年第二季度，郑州商品交易所棉花期货价格累计上涨近50%，服装行业主营业务成本较上年同期上升6.7%。

此外，2016年上半年服装行业销售利润率也呈现缓慢下降趋势。经测算，2016年第一季度服装行业销售利润率为5.4%，比全部工业5.1%的平均销售利润率高0.3个百分点，而2016年第二季度服装行业销售利润率下降为5.2%，比全部工业5.8%的平均销售利润率低0.6个百分点。

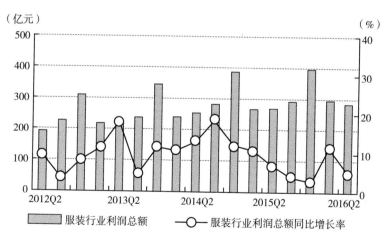

图9 服装行业利润总额（一）

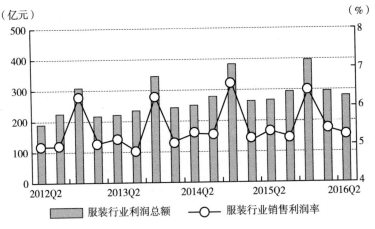

图 10　服装行业利润总额（二）

7. 回款压力有所加大

2016年上半年服装行业应收账款及其同比增长率均呈现温和上涨趋势，且应收账款增速明显高于主营业务收入增速，表明服装行业回款压力有所加大。经初步季节调整，2016年第一季度服装行业应收账款为1647.7亿元，同比增长达11.8%；而2016年第二季度服装行业应收账款上升为1706.5亿元，同比增长率达12.3%，增速比第一季度上升0.5个百分点，比主营业务收入增速高6.5个百分点。经测算，第一、第二季度应收账款周期天数①均为28.1天，分别比上年同期增加0.5天和1.4天。

8. 投资增速持续放缓

2016年上半年服装行业固定资产投资增速持续放缓。经初步季节调整，2016年第一季度服装行业固定资产投资总额为511.7亿元，同比增长7.6%，增速比2015年第四季度下降9.5个百分点。

①　应收账款周转天数：表示应收账款从发生到收回（周转一次）的平均天数。一般来说，应收账款周转天数越短，则资金利用效率越高，反之则越低。计算公式为：90/（季度销售收入/平均应收账款）。

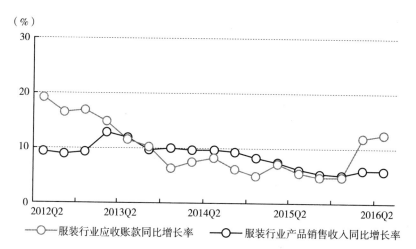

（%）

图 11　服装行业回款

2016 年第二季度服装行业固定资产投资总额为 1256.9 亿元，同比增长 2.7%，增速比第一季度下降 4.9 个百分点。服装行业固定资产投资增速连续 4 个季度放缓，主要与 2015 年同期基数较高有关。

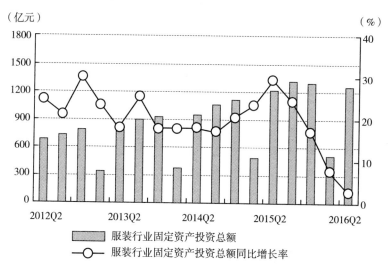

图 12　服装行业固定资产投资总额

9. 用工继续下降

2016 年上半年服装行业从业人员继续下降，维持同比负增长态势。经初步季节调整，截至 2016 年第一季度末，服装行业从业人数为 406.0 万人，同比下降 2.6%；截至 2016 年第二季度末，服装行业从业人数为 411.6 万人，同比下降 2.4%，降幅比第一季度收窄0.2 个百分点。服装行业用工的继续下降，表明服装行业产业结构升级和"机器替代人"的趋势在增强。

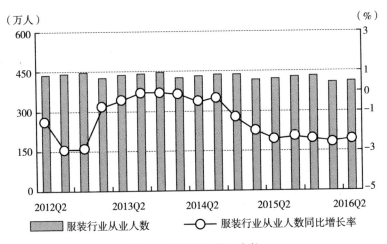

图 13　服装行业从业人数

二、2016 年上半年服装行业运行分析

（一）总体运行情况

总体看，2016 年上半年服装行业景气指数平稳运行，预警指数虽略有下降，但一直处于偏冷的"浅蓝灯区"运行，预警灯号没有发生显著变化。其中，服装行业生产低速增长；销售明显下滑；出口增速由降转增；出厂价格温和上涨；库存压力明显加大；利润增速有所放缓；回款压力有所加大；投资增速持续放缓；用工继续下降。

（二）运行特点及原因分析

服装行业是典型的劳动密集型行业，具有规模产量大、运营流程长、流行周期短、关联产业多、水平结构差等特点。我国是世界上最大的服装消费国，同时也是世界上最大的服装生产国。

2016年上半年，在宏观经济增长放缓和经济结构深度调整、相关稳增长政策和供给侧结构性改革持续发力的背景下，服装行业景气延续了平稳运行的态势，行业发展呈现如下特点：首先，行业生产维持低速增长，库存增速持续攀升，库存压力明显加大；其次，虽受出口需求回暖的带动，出口增速由降转增，但国内需求依旧低迷，投资增速持续放缓，导致服装行业主营业务收入明显下滑；最后，由于上游原材料成本的上升，服装行业利润增长有所放缓。

2016年上半年，服装行业呈现上述运行特点与下列因素有关。

1. 成本费用持续上升

上游原材料等成本费用的持续上升，挤压了服装行业的利润空间，导致服装行业利润增长有所放缓。根据中国服装协会对服装企业运营成本专项调查结果，服装企业运营成本逐步上升，其中劳动力成本上升最快，尤其是缝纫工用工成本近十年来持续提高，社保金额增长较快。

2. 内销市场依旧低迷

随着居民收入水平的不断提高，城乡居民的消费内容和消费模式都在发生较大变化，个性化、多元化的消费需求逐步取代数量化、同质化，日益成为新的消费趋势特征，消费者将更加注重服装产品的时尚性、功能性和生态安全性，内销市场总体呈现出复杂多变的局面，然而内需支撑行业发展的动力不足，这主要与服装企业应对消费需求变革的调整速度和效率尚不能与市场需求变化相匹配有关。

3. 国际市场分化明显

服装行业国际市场需求呈现明显分化趋势，受世界经济复苏步伐缓慢影响，我国对美国、欧洲的服装出口金额和出口数量均出现大幅下跌，而对我国香港地区和俄罗斯等地区或国家的服装出口金额和出口数量均出现了大幅增长。中国纺织品进出口商会数据显示，2016年1~5月，我国对我国香港地区和俄罗斯服装出口额同比分别增长35.3%和14.9%，而对美国和欧洲的服装出口额则有所下降。

在经济新常态下，受成本费用持续上升、内销市场依旧低迷、国际市场分化明显等多种因素叠加作用，服装行业景气度延续了平稳运行的态势，但仍然面临销售明显下滑、库存压力明显加大、利润增速有所放缓等问题，行业发展任务仍十分紧迫和艰巨，深化结构调整和转型升级仍是下一步行业持续稳定发展的重要途径。

三、行业前瞻与对策建议

(一) 服装行业景气指数预测

2016年下半年，中经服装行业景气指数或将呈现微弱回升趋势，但仍处于偏冷的"浅蓝灯区"运行，且企业家对未来行业发展走势的判断较为乐观。

经模型测算，2016年第三季度和第四季度中经服装产业景气指数分别为96.3和96.4，呈现微弱回升趋势，分别比第二季度景气指数分别高出0.1点和0.2点；2016年第三季度和第四季度中经服装产业预警指数分别为66.7和70.0，相比2016年上半年有明显回升，尤其是第四季度要比第二季度预警指数高出3.3点，但仍在偏冷的"浅蓝灯区"运行。

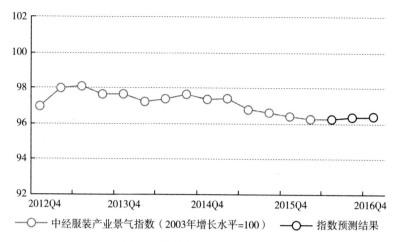

图14 服装产业景气指数预测

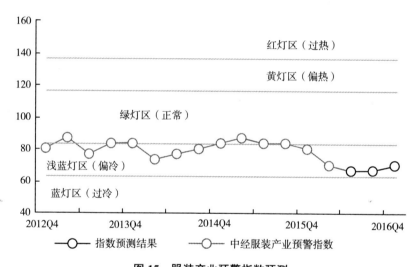

图15 服装产业预警指数预测

与此同时，企业家对未来行业发展走势的判断较为乐观。2016年第二季度接受调查的服装行业企业中，83.3%的企业订货量"高于正常"或"正常"，比第一季度高4.5个百分点；91.7%的企业用工需求"增加"或"持平"，比第一季度高0.5个百分点；81.9%的企业投资"增加"或"持平"，与第一季度持平。此外，根据2016

年第二季度服装行业企业景气调查结果，企业家对 2016 年第三季度企业经营状况预测的预期指数为 109.0，比对第二季度企业经营状况判断的即期指数高 4.3 点。

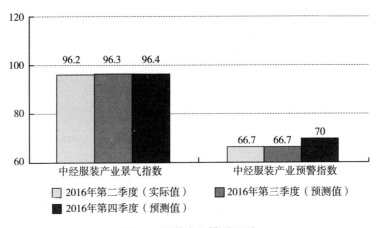

图 16　服装产业模型预测

（二）2016 年下半年行业前景展望

从服装行业国内外发展环境来看，2016 年下半年服装行业发展机遇与挑战并存，总体上或将呈现平稳运行的态势，但依然面临下行压力，结构调整和转型升级仍是行业重点。

从国内环境来看，人口红利尤其是新型城镇化的稳步推进构成了支撑服装消费增长的主要因素，居民可支配收入的持续增长为增加消费需求奠定了基础，网络消费空间的持续扩大也将有效提升国内需求，然而新常态下宏观经济下行压力继续存在，生产、投资和消费等宏观指标增速压力有增无减，服装行业的国内需求提振仍面临较大压力。从宏观政策来看，以"去产能、去库存、去杠杆、降成本、补短板"为着力点的供给侧结构性改革，仍将是 2016 年下半年政府经济工作的重点，受此影响服装行业库存压力有望缓解，生产成本也有望下降。

从国外环境来看，虽受"一带一路"战略实施的影响，我国服装对韩国、阿拉伯联合酋长国、菲律宾、以色列、约旦、伊朗等部分新兴市场的出口有望实现快速增长，新的出口市场正在开拓和培育，但世界经济总体仍处于金融危机后的深度调整和弱复苏时期，国际市场需求仍将低迷。与此同时，发达国家制造业回归、其他新型经济体低成本劳动力优势的凸显以及我国劳动力成本的刚性上升，也一定程度地削弱了我国服装出口的比较优势，我国在国际市场面临的贸易保护和竞争压力进一步加大，订单向外转移的趋势明显。因此，未来服装出口或将总体延续低迷态势，形势不容乐观。

（三）行业发展对策建议

1. 转变发展模式，向智能化、绿色化转型

作为传统制造行业的服装行业，应该积极步入"工业4.0"时代，拥抱"互联网+"，利用大数据、云计算、物联网以及移动互联网等，向智能化、绿色化、的中高端制造的变革转型。"工业4.0"和"互联网+"将服装业从单纯生产制造和批发零售带入创新时代。3D打印、数字化车间、智能穿戴、智能分拣系统、立体仓储系统、3D试衣、智能门店、全渠道销售等新技术将引领服装业走向变革。服装行业应加速转型升级，转换增长动力，实现提质增效。随着我国在低碳环保方面的监管标准及任务要求更趋严格，将对服装行业发展形成一定的制约，因此，应主动作为，努力实现服装制造的绿色化转型。

2. 通过市场机制，"倒逼"企业转型

当前，服装行业竞争日趋激烈，与此同时市场需求增长有所放缓。对此，政府不应继续出台需求刺激政策，使得一大批质量效益

差、竞争力低的企业继续生存，而应当让市场在资源配置中起决定性作用，通过市场机制实现优胜劣汰，而在无刺激政策的干扰下，充分的市场竞争将"倒逼"企业进行转型升级，增强自身的竞争力，提供更加高质量的产品和优质的服务。

3. 借助互联网，及时准确掌握顾客需求

在服装市场需求日益多元化和个性化的背景下，掌握了顾客需求就意味着掌握了市场的主动权。因此，服装企业应当积极依托"互联网+"，主动调研和掌握顾客的即期需求和未来预期，及时掌握顾客需求，以适应市场需求变化和发展趋势。

4. 以顾客需求为导向，发展体验式消费

企业要了解当前以及未来服装消费市场，消费需求以及消费方式的变化，其中一个重要的途径就是通过体验式消费模式直观地掌握消费者的需求，这一方式比市场调研更为直接和可靠。在掌握顾客体验数据的基础上，服装企业就可以合理设计产品、定位自身产品价值，充分发挥企业的核心竞争力，提升产品的市场占有率和影响力。

5. 加强研发创新，不断提高产品附加值

服装行业具有劳动力密集、市场化程度高、集群式发展、产业链长、品牌优势明显等特点，当前服装行业已逐渐从劳动密集型行业向资本和技术密集型行业转变。鼓励服装企业加大研发创新力度，用先进工艺技术装备逐步替代落后的工艺设备，提高产品的风格档次和附加值，着力培育一批具有创新意识和品牌效应的龙头企业。既要着力做好开发、生产、销售和管理工作，提高产品档次，建立起从原材料到产品的一系列整体的开发体系，又要加强同国内外知名企业在技术上的合作，学习和借鉴其在产品开发方面的经验。

执笔人：朱承亮

中经产业指数文体娱乐用品制造业
2016 年上半年分析

一、2016 年上半年文体娱乐用品制造业运行情况①

（一）2016 年上半年文体娱乐用品制造业景气状况

1. 景气指数总体平稳

2016 年上半年，文体娱乐用品行业②景气指数有所恢复，总体表现相对平稳。2016 年第一季度，文体娱乐用品行业景气指数为99.7③（2003 年增长水平＝100④），与上年同期基本持平，比 2015

---

① 本部分数据和分析主要基于中经产业指数 2016 年第一、第二季度报告。

② 文体娱乐用品制造业包括文教办公用品制造、乐器制造、工艺美术品制造、玩具制造和游艺器材及娱乐用品制造行业 5 个大类行业。

③ 根据景气预警指数体系运算方法，行业景气指数、行业预警指数及预警灯号的构成指标要经过季节调整，剔除季节因素对数据的影响，在对包含当期数据的时间序列进行季节调整时，历史数据的季节调整结果也将发生变化，因此行业景气指数、预警指数及预警灯号发布当期数据时，前期数据也会进行调整。

④ 2003 年文体娱乐用品制造业的预警灯号基本上在"绿灯区"，相对平稳，因此定为文体娱乐用品制造业景气指数的基年。

年第四季度提高0.9点；第二季度，文体娱乐用品制造业景气指数为99.5，比上季度下降0.2点，同样与上年同期基本持平。无论是绝对量还是变化趋势，2016年上半年中经文体娱乐用品行业景气指数与2015年上半年均达到一致，行业发展呈现平稳态势。

剽除随机因素①，2016年第一季度，文体娱乐用品行业景气指数为100.3，比上一季度提高0.1点，但比上年同期下降0.8点；第二季度，文体娱乐用品行业景气指数为100.2，比第一季度略有下降，比2015年同期下降0.4点。综合来看，剽出随机因素，文体娱乐用品行业景气指数比上年同期明显下降，但从2015年下半年以来表现平稳。2016年上半年，相关政策对行业恢复起到了积极作用。

图1 文体娱乐用品行业景气指数

2. 预警指数全面进入"浅蓝灯区"

2016年第一、第二季度，中经文体娱乐用品行业预警指数分别为103和93，继续停留在正常的"绿灯区"。在构成文体娱乐用品制

---

① 随机因素亦称不规则性，如新政策实施、宏观调控、自然灾害等因素对数据的影响。

造业预警指数的 10 个指标中（仅剔除季节因素①，保留随机因素），工业增加值延续了 2015 年第四季度的过冷状态，出口交货值和主营业务收入虽有所好转，但第二季度主营业务收入又进入过冷的"蓝灯区"；生产者出厂价格、行业从业人员继续延续正常的"绿灯区"，行业利润总额也由 2015 年下半年的"浅蓝灯区"转变为正常的"绿灯区"；产成品资金（逆转②）和应收账款（逆转）基本上处于偏热状态；行业利润率则处于过热的"红灯区"。

指标名称	2013年		2014年				2015年				2016年	
	3	4	1	2	3	4	1	2	3	4	1	2
文体娱乐用品行业工业增加值	绿	绿	绿	蓝	蓝	绿	蓝	蓝	蓝	蓝	蓝	蓝
文体娱乐用品行业生产者出厂价格	绿	绿	蓝	蓝	蓝	绿	绿	绿	绿	绿	绿	绿
文体娱乐用品行业固定资产投资	绿	蓝	绿	绿	绿	绿	绿	绿	绿	绿	绿	蓝
文体娱乐用品行业出口交货值	蓝	蓝	绿	绿	黄	绿	绿	蓝	蓝	绿	绿	绿
文体娱乐用品行业主营业务收入	绿	绿	绿	绿	绿	绿	绿	绿	绿	蓝	绿	蓝
文体娱乐用品行业利润总额	绿	绿	绿	绿	绿	绿	绿	绿	绿	绿	绿	绿
文体娱乐用品行业利润率	黄	黄	黄	红	红	黄	红	红	红	红	红	红
文体娱乐用品行业从业人数	绿	绿	绿	绿	绿	绿	绿	绿	绿	绿	绿	绿
文体娱乐用品行业产成品资金（逆转）	绿	绿	绿	绿	绿	绿	绿	绿	黄	绿	黄	黄
文体娱乐用品行业应收账款（逆转）	蓝	蓝	蓝	蓝	蓝	蓝	绿	蓝	红	绿	红	黄
预警指数	绿	绿	绿	绿	绿	绿	绿	绿	绿	绿	绿	绿
	93	87	83	90	100	100	87	97	100	90	103	93

图 2　文体娱乐用品行业预警指数指标

★灯号图说明：预警灯号图采用交通信号灯的方式对描述行业发展状况的一些重要指标所处的状态进行划分：红灯表示过快（过热），黄灯表示偏快（偏热），绿灯表示正常（稳定），浅蓝灯表示偏慢（偏冷），蓝灯表示过慢（过冷）；并对单个指标灯号赋予不同的分值，将其汇总而成的综合预警指数也同样由 5 个灯区显示，意义同上。

---

① 季节因素是指四季更迭对数据的影响，如冷饮的市场销量随四季气温年复一年发生周期变动。

② 逆转指标也称反向指标，其指标值越低，行业状况越好，反之则相反。

（二）2016年上半年文体娱乐用品制造业生产经营状况

1. 行业增加值增幅持续下降

2015年以来，文体娱乐用品业增加值增速出现了大幅下降。2016年上半年行业增加值继续下降，经初步季节调整①，第一季度文体娱乐用品业增加值同比增长5.9%，增速比上一季度提高0.1个百分点，但比上年同期下降1.1个百分点；第二季度文体娱乐用品业增加值同比增长4.4%，比上年同期下降4个百分点，比第一季度下降1.5个百分点。

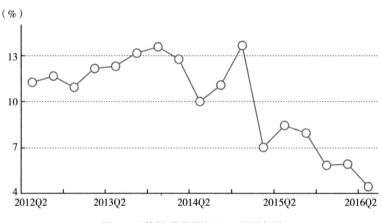

图3　文体娱乐用品行业工业增加值

2. 销售收入增速有所恢复

2015年第四季度文体娱乐用品行业主营业务收入出现了近年来首次单季同比下降，同比下降3.9%。2016年，行业销售收入重新恢复增长。经初步季节调整，2016年第一季度文体娱乐用品行业主

---

①　初步季节调整指原始数据仅剔除春节等节假日因素的影响，未剔除不规则要素的影响。

营业务收入为 3826.9 亿元，同比增长 7%，增幅比上年同期提高
0.2 个百分点；第二季度，文体娱乐用品行业主营业务收入为
3902.4 亿元，同比增长 4.9%，增速比上年同期下降 3.8 个百分点。

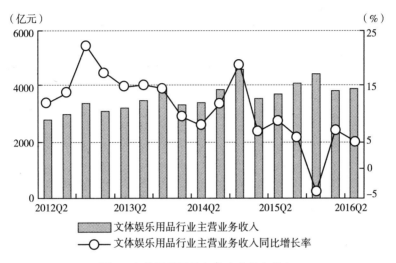

图4　文体娱乐用品行业主营业务收入

文体娱乐用品行业对外依存度较高，经测算，2016 年第一季度
和第二季度出口交货值占主营业务收入的比重分别为 23.6% 和
28.9%。2015 年第四季度文体娱乐用品行业出口交货值同比下降
28.4%，是文体娱乐用品行业收入波动的重要原因。2016 年上半年
文体娱乐用品行业出口状况有所改善，经初步季节调整，第一季度和
第二季度出口交货值分别为 903.5 亿元和 1126.1 亿元，同比增长
2.7% 和 2.4%，增幅高于上年同期水平，对行业收入增长发挥了重
要作用。

3. 行业市场状况出现好转

2015 年四个季度文体娱乐用品行业生产者出厂价格指数出现同
比下降，2016 年行业市场状况有所改善。经初步季节调整，2016 年

图5 文体娱乐用品行业出口

第一季度义体娱乐用品行业生产者出厂价格指数为100（上年同期＝100）；第二季度文体娱乐用品行业生产者出厂价格指数为100.9，同比上涨0.9%，5个季度以来首次出现价格同比上涨。

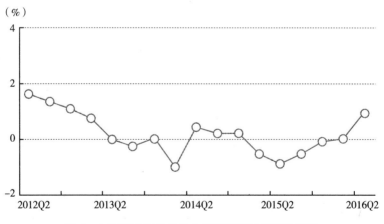

图6 文体娱乐用品行业生产者出厂价格同比变动

4. 行业利润恢复较高增速

在经历2015年下半年利润增速调整之后，2016年上半年文体娱乐用品行业利润逐步恢复较高增速。经初步季节调整，2016年第一季度文体娱乐用品行业利润为196亿元，同比增长9.3%，增速比上一季度提高5.0个百分点；第二季度文体娱乐用品行业为209亿元，同比增长11.5%，增速比第一季度提高2.2个百分点，增速基本上恢复到上年同期水平。

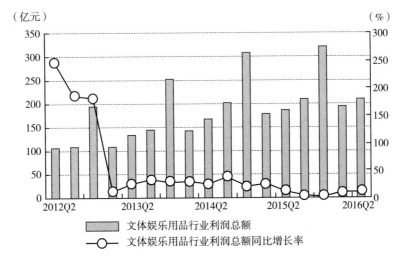

图7　文体娱乐用品行业利润总额（一）

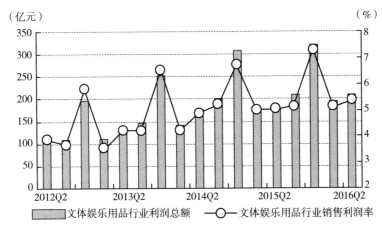

图8　文体娱乐用品行业利润总额（二）

文体娱乐用品行业盈利能力相对稳定，2016年第一季度和第二季度行业销售利润率分别为5.12%和5.36%，分别比上年同期提高0.08个和0.24个百分点，与工业平均销售利润率基本相当。

5. 产成品资金增速放慢

2016年上半年，文体娱乐用品行业产成品资金增速继续放缓。经初步季节调整，2016年第一、第二季度累计产成品净额分别为730.0亿元和730.2亿元，分别同比增长4.3%和2.7%，增速比上年同期分别下降4.7个和3.9个百分点，增速全面低于行业主营业务收入，去库存成效凸显。

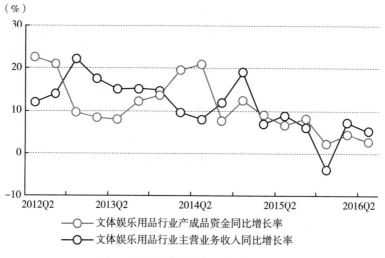

图9 文体娱乐用品行业产成品资金

6. 应收账款持续走低

经初步季节调整，2016年第一季度文体娱乐用品行业应收账款为1128.5亿元，同比下降12%，降幅比上一季度扩大11.1个百分点；第二季度文体娱乐用品行业应收账款为1145.5亿元，继3个季度同比下降后重新实现同比增长，同比增长0.7%。经测算，2016

年第二季度文体娱乐用品制造业应收账款平均周转天数①为26.4天，比上年同期减少1.1天。

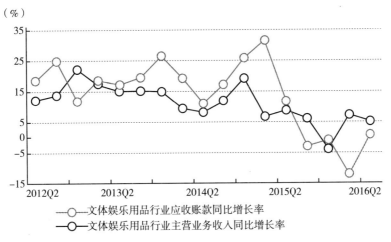

图10 文体娱乐用品行业回款

7. 固定资产投资增速明显放缓

2016年上半年，文体娱乐用品行业改变固定资产投资增速上升的趋势，固定资产投资增速大幅下降。经初步季节调整，第一季度文体娱乐用品行业固定资产投资为666.7亿元，同比增长24.2%，比上季度下降10.2个百分点；第二季度文体娱乐用品行业固定资产投资为789.6亿元，同比增长18.7%，增幅比第一季度进一步下降5.7个百分点，为2014年以来固定资产投资单季同比增速最低水平。

8. 用工人数继续减少

2012年以来，文体娱乐用品行业从业人数持续下降，但降幅有所收窄。经初步季节调整，2016年第一季度文体娱乐用品行业从业

---

① 应收账款周转天数：表示应收账款从发生到收回（周转一次）的平均天数。一般来说，应收账款周转天数越短，则资金利用效率越高，反之则越低。计算公式为：90/（季度销售收入/平均应收账款）。

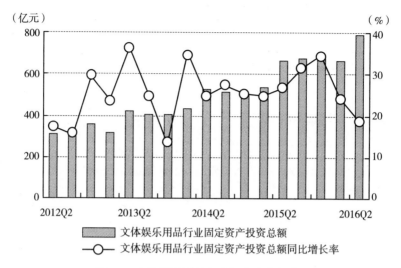

图 11　文体娱乐用品行业固定资产投资

人数 202.59 万人，同比下降 0.2%，降幅比上一季度收窄 0.2 个百分点，为 2012 年以来的最低降幅；第二季度文体娱乐用品行业从业人数 212 万人，同比下降 0.9%，降幅比第一季度提高 0.7 个百分点，但仍处于较低水平。

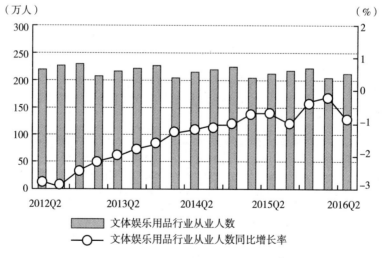

图 12　文体娱乐用品行业从业人数

二、2016 年上半年文体娱乐用品制造业运行分析

（一）文体娱乐用品制造业总体运行情况

2016 年上半年，文体娱乐用品行业发展平稳。虽然行业生产增速继续下降，但文体娱乐用品市场需求出现明显好转，生产者出厂价格实现 5 个季度以来首次单季上涨，与 2015 年底相比行业出口状况明显好转，在上述因素共同作用下，行业销售收入增速有所恢复，行业利润重新实现较高增速。但行业增长基础仍较为薄弱，文体娱乐用品行业固定资产投资增幅出现下降趋势。国家统计局数据显示，2016 年上半年规模以上文教、工美、体育和娱乐用品制造业主营业务收入和利润分别为 7533.2 亿元和 395.4 亿元，分别同比增长5.9%和9.9%，增速均高于规模以上工业平均水平。

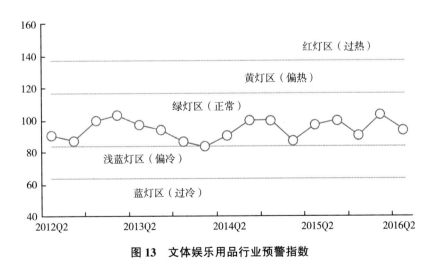

图 13　文体娱乐用品行业预警指数

就状态而言，文体娱乐用品行业依然处于正常的"绿灯区"。出

口、主营业务收入、应收账款、产成品资金表现欠佳，固定资产投资出现偏冷趋势，行业生产则处于过冷状态，成为影响行业预警指数的重要因素。而生产者出厂价格、行业利润总额、从业人数继续保持在正常的"绿灯区"，对于维护行业发展水平发挥了重要作用。

（二）文体娱乐用品制造业运行特点及原因分析

1. 消费升级为行业发展提供支撑

2016年上半年，我国消费品行业总体平稳。工信部相关数据显示，上半年消费品工业主营业务收入16.39万亿元，同比增长5.6%，增幅高于全部工业平均水平2.5个百分点；实现利润1.07万亿元，同比增长8%，增幅高于全部工业平均水平1.8个百分点。尽管宏观经济下行压力较大，但消费升级所形成的文化、教育、体育和娱乐需求仍为文体娱乐用品行业提供了发展支撑。文化部统计公报显示，2015年末全国艺术表演团体达到1.08万个，全年演出210.8万场，分别比2010年提高57.2%和53.8%；2015年末全国平均每万人图书馆建筑面积达到95.8平方米，比2010年提高42.8%；每万人群众文化设施建筑面积279.95平方米，比2010年提高48.4%。2016年上半年，全国规模以上文化及相关产业实现营业收入3.62万亿元，同比名义增长7.9%，保持较快增速。"十二五"期间，体育事业也得到快速发展，2014年全国体育产业总规模超过1.35万亿元，实现增加值4041亿元，2011～2014年年均增长率12.74%。《体育产业发展"十三五"规划》提出，2020年人均体育场地面积超过1.8平方米，体育消费额占人均居民可支配收入比例超过2.5%，体育相关产业发展面临良好机遇。

2. 国际市场存在不确定因素

总体来看，国际文体娱乐用品市场分化明显，传统领域增长乏力，新兴领域蓬勃发展。文教体育用品协会资料显示，美国内务部所辖下的户外休闲经济、古迹、水资源保护和可再生资源所产生的经济总量达 1060 亿美元，随着户外运动的兴起，截至 2015 年 10 月的一年中，美国市场户外体育用品市场的规模增长了 6.7%，总价值达到了 188 亿美元。目前，我国文体娱乐用品企业在国际市场上面临较多挑战。受技术、品牌等多方面因素限制，我国企业在高端市场缺乏竞争力，而新兴经济体低成本劳动力优势的显现以及我国劳动力成本的刚性上升，对企业传统比较优势造成较大冲击。另外，文体娱乐用品出口存在贸易壁垒和技术壁垒双重压力。2015 年底，墨西哥对原产于中国的儿童自行车反倾销调查做出最终裁决，决定对相关产品征收 13.12 美元/辆的反倾销税。2015 年，美国、加拿大、欧盟等对多种中国出口的文体娱乐用品发布消费者警告和召回。文教体育用品协会资料显示，2016 年上半年共有 6 个批次出口到欧盟的产品因产品或部件的铅含量超标而被召回。

3. 行业发展逐步规范

标准对于制造业发展具有至关重要的作用，完善标准是提高我国制造业发展水平的重要条件。近年来，我国十分重视行业标准体系的建设，2015 年底，国务院办公厅印发的《国家标准化体系建设发展规划（2016~2020 年)》提出，推动实施标准化战略，建立完善标准化体制机制，优化标准体系，强化标准实施与监督，夯实标准化技术基础，增强标准化服务能力，提升标准国际化水平，加快标准化在经济社会各领域的普及应用和深度融合，到 2020 年，基本建成支撑国家治理体系和治理能力现代化的具有中国特色的标准化体系，"中国标准"的国际影响力和贡献力大幅提升，我国迈入世界标准强国行列。在规划中，"加强文化建设标准化，促进文化繁荣"作为重要工作领域，同时实施消费品安全标准化工程，在包括玩具、体育用品在内的 30 个重点消费品领域开展 1000 项国内外标准比对评估。国家质检总局制定的《缺陷消费品召回管理办法》于 2016 年 1 月 1 日正式实施，该办法进一步规范了消费品召回机制，强化对消费品质量的监管；同日，更新的玩具安全系列标准也开始实施。2016 年上半年，国家质检总局和国家标准化管理委员会发布了《乒乓球台的安全、性能要求和试验方法》、《羽毛球拍及部件的物理参数和试验方法》、《网球拍及部件的物理参数和试验方法》、《体操蹦床功能和安全要求及试验方法》、《涂改类文具中氯代烃的测定气相色谱法》等若干项国家标准。

4. 产业升级全面加速

消费品行业在改善人民生活水平、稳定经济发展中均发挥重要作用，同时国内外经济环境的变化以及人民消费结构升级对消费品行业发展提出了新的要求。改革开放以来，我国消费品行业取得了长足的进步，但品种单一、品质欠佳、品牌薄弱等问题依然突出，制约了消费品行业整体水平的进一步提升。目前，重成本、轻品质、轻品牌仍是我国文体娱乐用品行业的主要特点，但随着国际贸易环境和国内外经济形势的转变，我国文体娱乐用品行业承受多方面压力，转型升级已经迫在眉睫。2016 年 5 月，国务院办公厅印发了《关于开展消费品工业"三品"专项行动营造良好市场环境的若干意见》，要求以市场为导向，以创新为动力，以企业为主体，实施增品种、提品质、创品牌的"三品"战略，并对增品种、提品质、创品牌提出了具体任务要求；6 月，工信部印发了《开展 2016 年消费品工业"三品"专项行动营造良好市场环境实施方案和重点工作分工方案》，进一步推进相关工作。

三、行业前瞻与对策建议

（一）文体娱乐用品制造业景气指数预测

2016年上半年，文体娱乐用品行业稳中略升，企业信心有所提高。2016年第二季度，根据文体娱乐用品制造业企业景气调查结果显示，在接受调查的文体娱乐用品制造业企业中，83.6%的企业订货量"增加"或"持平"，比第一季度高8.4个百分点；90.8%的企业用工需求"增加"或"持平"，比第一季度高8.3个百分点；83.6%的企业投资"增加"或"持平"，比第一季度高7.8个百分点。

另外，我国宏观经济形势没有根本性改变，而国际环境不确定性因素增多。经模型测算，预计2016年第三季度和第四季度文体娱乐用品业景气指数分别为99.5和99.6，行业继续保持平稳发展；预警指数数值分别为93.3和93.3，处于正常的"绿灯区"。

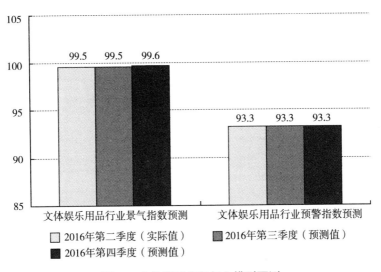

图14　文体娱乐用品行业模型预测

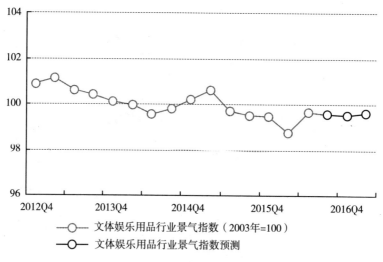

图15　文体娱乐用品行业景气指数预测

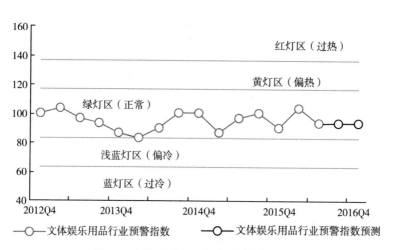

图16　文体娱乐用品行业预警指数预测

（二）2016年下半年行业前景展望

随着居民收入的提高，消费升级的趋势越发明显，文体娱乐需求将进一步提高。2016年上半年，全国居民人均可支配收入同比名义增长8.7%，扣除价格因素的实际增速为6.5%，与经济增长基本保持同步。同时，全面健身、体育发展、文化产业相关规划的发布也为文体娱乐用品行业注入了活力。但是，我国宏观经济形势依然不容乐观，面临较大下行压力，在这种背景下人们的文体娱乐消费释放仍将需要一个过程。同时，文体娱乐用品行业具有较强的外向型特点，国际贸易保护主义的抬头以及国际环境的复杂化增加了行业发展的不确定性。综合来看，2016年下半年，文体娱乐用品行业将保持相对平稳的态势。在相关政策的推动下，完善标准、提高品质、提升品牌等基础性工作将成为行业发展的重点。

（三）行业发展的对策建议

完善国际市场预警机制。针对趋于复杂的国际贸易环境，建立和完善由行业协会、商务服务部门、大型企业共同组成的综合性国际市场预警体系，收集和整理国际文体娱乐用品需求变化和市场变化，特别是重点出口目的地的标准和政策调整的信息，通过互联网、信息通报、报纸等渠道向企业发布，为企业决策提供参考，尽可能降低因为不熟悉情况而给企业造成的损失，树立"中国制造"的良好形象。

1. 进一步增强创新能力

充分认识传统低成本战略已经无法适应文体娱乐用品行业的发展，国内外环境的变化均对文体娱乐用品行业提出了更高的要求。无论是产品品种、品质的改善，还是产品标准、品牌的提升，均有赖于行业创新水平的提高。继续加大行业研发投入，深入研究文体娱乐发展趋势，支持建立跨行业创新联盟，开展关键技术和共性技术研究，加强专利保护，规范企业行为，营造良好的创新氛围。

2. 积极推动国际合作

贯彻和落实《国务院关于促进加工贸易创新发展的若干意见》，根据文体娱乐用品行业特点，探索多种合作模式，引导企业合理利用国际市场和国际资源，依托"一带一路"战略实施，支持企业在国外建立生产加工基地，提高企业创新能力，推动企业品牌建设，鼓励企业向产业链高端发展，提升文体娱乐用品企业在国际产业分工中的地位，促进产业转型升级。

执笔人：吴滨